KB105644

습관은 반드시 실천할 때 만들어집니다.

좋은습관연구소의 37번째 좋은 습관은 "심리학 읽는 습관"입니다. 우리에게 심리학 읽는 습관이 필요한 이유는 어떤 상황에서도 나를 잃어버리지 않기 위함입니다. 나를 잃어버리고 타인의 삶을 사는 순간 불행해집니다. 우리 각자는 엄연히 삶의 목표와 과정이 다름에도 SNS에 노출된 타인을 따라하고 나중에는 그들처럼 하지 못하는 자신을 비하합니다. 이런 굴레에서 벗어나기 위해서는 반복적으로 스스로를 돌보고 마음을 다잡는 습관이 필요합니다. 바로 이 책이 알려주고자 하는 심리학 읽는(공부하는) 습관입니다. 이책을 통해 내가 주인공이 되는 인생을 만났으면 합니다.

한민의 ·····> 머리의

쓸모 <····· 쓸모

내 인생을
사는
50가지
방법

한민
지음

좋은습관연구소

심리학을 내 삶 속으로

심리학 개론을 강의한 지도 18년이 지났다. 예나 지금이나 심리학은 인기 과목이다. 사람의 마음을 이해하는 학문이라니, 이름부터가 매력적이지 않은가. 세상의 모든 일은 사람으로 시작해서 사람으로 끝난다. 따라서 사람의 마음을 이해하면 아니 될 일이 없다. 대략 이런 이유로 많은 사람들이 심리학에 관심을 갖는다.

하지만 심리학을 공부하는 건 생각보다 어렵다. 심리학이라는 학문이 워낙 크고 복잡하기 때문이다. 오랜 시간 심리학을 공부하고 강의하면서 느낀 바는 심리학은 코끼리이고 심리학을 공부하는 우리는 개미라는 사실이다. 조그만 개미한 마리가 거대한 코끼리를 이해하기 어렵듯이 수많은 전통과 관점, 응용 분야를 가진 심리학을 이제 막 심리학에 관심을 가진 이들이 이해한다는 것은 불가능하다. 게다가 심리학의 정체성에서 비롯되는 심리학자 특유의 고압적(?)인 자세 또한 심리학 공부를 하고자 하는 이들의 발길을 돌리게 하는 요인이 된다.

현대 심리학은 1879년 독일의 빌헬름 분트가 라이프치히 대학에 심리학 실험실을 세운 사건을 기점으로 한다. 이는 심리학의 정체성을 "과학"으로 규정하는 것을 의미한다. 즉, 심리학은 인간의 마음을 과학적 방법으로 연구하는 학문이라는 것이다. 거기까지는 좋은데 일부 학자들은 심리학이 과학이라는 사실을 지나치게 내세운 나머지 과학적 방법을 사용하지 않는 다른 학문이나, 심리학 이론 중에서도 과학적 검증이 어려운 이론들을 공공연하게 무시할 때가 있다. 게다가 심리학을 배우려는 이들에게도 과학자가 지녀야 할 자세를 요구한다. 사실 많은 이들이 여기서 떨어져 나간다.

심리학을 과학으로서 받아들여야 할 사람들은 심리학 전공자들이면 충분하다. 한 학기 교양 수업을 선택한 이들에게까지도 과학자의 덕목을 강요할 필요는 없다. 게다가 과학으로 분류할 수 없는 일반 학문의 전통과 성취까지 무시하는 발언은 '인간 이해'라는 심리학 본연을 이해하지 못한 무지의 소치다. 그러니 그런 심리학자들로부터 심리학 개론을 한 학기쯤 배웠다고 해서 심리학을 이해하고 거기서 얻은 지식을 자신의 일에 적용하거나 삶에 이롭게 쓸 수 있을 것이라고 기대하기는 어렵다. 오히려 정신없이 쏟아지는 학자들 이름과 이론들에 치여 가지고 있던 관심마저도 잃어버리게 된다.

하지만 그렇게 떠나보내기에 심리학은 너무도 중요하고 또 재미있는 학문이다. 인간 이해가 점점 중요해지는 시대에 심리학을 공부하는 이들은 더 많아져야 한다. 심리학이 너무 어렵고 배우기 힘들다고 생각한다면 그것은 심리학을 그렇게 전달한 사람들의 책임이지 심리학의 잘못이나 배우려는 사람의 잘못은 아니다.

심리학을 소수의 선택받은 과학자들이 실험실에서 연구하는 어렵고 딱딱한 학문으로 생각하지 않았으면 한다. 심리학은 생물학, 의학뿐만 아니라 문학, 철학, 인류학, 사회학, 언어학 등 여러 분야에서 행해져 왔던 노력들이 만들어낸 학

한민의 심리학의 쓸모

문이다. 나 자신과 다른 사람들을 이해하고, 나의 일과 생활에 적용할 수 있는 지식과 지혜를 제공하며, 나답게 성숙한 삶을 살아갈 수 있는 길을 제시해 주는 학문이다.

이 책은 필자의 심리학 개론 강의를 바탕으로 했다. 오랜 시간 동안 다양한 연령대와 직업을 가진 학생들을 만나며, 그들이 자신의 경험과 주변에서의 사례로 심리학의 이론들을 이해할 수 있도록 그리고 배운 내용들을 실제 스스로의 삶에 적용해 볼 수 있도록 내용을 구성했다. 아무쪼록 이 책으로 독자 여러분의 심리학에 대한 이해와 관심이 커지길 바란다.

목차

일상 속에서

타인과의 관계 속에서

공동체 속에서

나의 잠재력을 끌어내려면

자기발견에 다가가려면

성숙함과 지혜를 얻고 싶다면

일상 속에서

1

힘들고 지칠 때
먹어야 하는 음식

살다 보면 힘든 날이 있다. 어려운 시기는 잊지 않고 꼭 찾아온다. 금방 지나가는 고난도 있지만 도대체 앞이 보이지 않는 어두운 나날이 계속될 때도 있다. 그렇지만 이뤄야 할 꿈을 되새기며 삶의 의미를 곱씹다보면 견디기 어려운 날들은 분명 지나가며, 지나간 뒤에는 아스라한 추억으로 남는다. 그럼에도 끝을 모르고 반복되는 힘든 하루를 버티는 것은 결코 쉬운 일이 아니다.

그럴 땐 국밥을 먹자. 기름기 많고 느끼한 뼈해장국이 좋겠지만 고소한 순대국밥이나 선지해장국도 좋다. 남쪽으로는 쇠고기장국이나 돼지국밥이 특산인 곳도 있으니 그쪽으로 가도 좋다. 이왕이면 콩나물 해장국이나 시래기 국밥같이 채소로 끓인 국밥보다는 고깃덩어리가 큼직큼직 들어간 기름기 많은 국밥을 먹자.

국밥이 나오면 다대기나 고춧가루를 팍, 아니 적당히 뿌리고 잘 섞어주자. 깍두기 국물을 조금 부어도 좋다. 차가운 깍두기를 뜨거운 국물에 담그면 국물이 먹기 좋게 식을 뿐 아니라 이가 시리지 않게 깍두기를 먹을 수도 있다. 순대국밥에는 들깨가루를, 추어탕에는 산초가루를 넣는 것도 잊지 말자. 밥을 한 번에 다 말지 말고 반 정도만 마는 게 따뜻한 국물의 식감을 느끼는 방법이다.

국밥은 심리학적으로 완전식품이다. 고담시에 국밥집이 있었으면 아서 플렉(영화 《조커》의 주인공 극중 이름)이 조커가 되지 않았을 거란 얘기도 있다. 국밥의 효능은 그만큼 뛰어나다. 힘들고 지쳤다는 것은 에너지가 고갈되었다는 뜻이다. 소진된 에너지를 채우는 길은 먹고 쉬는 방법뿐이다. 몸과 마음은 연결되어 있다. 마음이 힘들면 몸도 지치고 몸에 기운이 나면 정신도 맑아진다.

국밥을 한 숟갈 뜨면, 뜨끈한 국물이 식도를 타고 위장으로 이동한다. 뜨거운 국물은 차갑게 식은 몸에 열을 공급한다. 이어서 음식물을 소화하기 위한 소화액이 분비되고 혈류가 몰리면서 우리의 몸에서는 여러 가지 변화가 일어나기 시작한다.

국밥의 국물은 체액을 보충하고, 전해질 농도를 높인다. 이때 뉴런에서는 전기 신호가 일어나는데, 전기를 만들어 내는 데에는 나트륨과 칼륨이 필요하다. 짭짤한 국물은 흐릿하던 신경 신호를 빠릿빠릿하게 만들어 준다. 이 작용을 두고 우리는 정신이 번쩍 든다고 말한다. 혹자는 지나친 나트륨 섭취는 좋지 않다고 하지만, 이 문제는 국밥에 들어있는 우거지나 시래기가 해결해준다. 녹황색 채소에는 칼륨이 들어있어 나트륨을 배출하고 신경 신호를 강하게 만들어 주기 때문이다.

국밥의 건더기, 고기에서 나오는 기름은 지방이다. 지방은 뉴런의 축삭을 감싸는 수초(미엘린)의 재료다. 수초는 절연체로 축삭을 지나는 신경 신호가 새지 않게 막는 역할을 한다. 지방을 먹지 않으면 수초가 제대로 형성되지 못해 신경 신호에 합선이 일어난다. 머리가 제대로 안 돌아간다는 뜻이다. 이제 신경 신호가 뚜렷해지고 잘 전달되니 머리가 맑아지는 기분이 든다.

국밥에 만 밥은 탄수화물이다. 탄수화물은 우리가 즉시적으로 갖다 쓸 수 있는 에너지를 만들어낸다. 폭발적인 힘을 내야 하는 운동선수들이 경기 전에 탄수화물을 섭취하는 이유다. 지친 몸에 에너지가 돌기 시작한다면 순전히 탄수화물 때문이다. 고기의 단백질은 죽어나간 체세포를 교체할 세포를 생성하고 나중에 쓸 에너지로 저장된다. 그래서 뇌가 한창 발달할 나이의 어린이들은 고기를 잘 챙겨 먹어야 한다.

국밥 한 그릇으로 체온 상승, 신경 신호 회복 및 뉴런 보강, 에너지 보충 및 축적이 한 번에 이루어졌다. 이 어찌 완전식품이 아니라 할 수 있겠는가. 끝까지 나트륨이 걱정이신 분들은 조금 있다가 물을 한 컵 마시면 된다. 그러면 전해질 농도쯤은 금방 조절된다. 바로 물을 마시지 않는 이유는 소화에 방해가 되기 때문이다.

어떤가. 몸과 마음이 훨씬 나아지지 않았나. 이렇게 또 하루를 건더내자.

#뇌 #뉴런 #미엘린 #전해질농도 #나트륨-칼륨펌프 #가까운국밥집

2

심리학도의
기억법

　기억은 중요하다. 알츠하이머병으로 기억을 잃어가는 노인들은 내가 누군지, 지금 이야기하고 있는 사람이 누군지 알지 못한다.

　나는, 내 기억으로부터 만들어진다. 그리고 기억은 앞으로의 나의 행동에도 영향을 미친다. 시험 공부를 안 해서 나쁜 학점을 받은 기억이 있는 학생은 다음에는 공부를 열심히 할 것이고, 아무 데나 물건을 놓아두었다가 잃어버린 기억이 있는 사람은 다음부터는 자기 물건을 잘 챙길 것이다.

　우리가 기억을 잘해야 하는 이유는 많다. 과거의 기억으로부터 뭔가를 배우는 사람은 아무래도 좀 더 나은 미래를 그려갈 수 있다. 이 사실은 역사가 증명한다. 그러면 어떻게 해야 기억을 잘할 수 있을까. 인간의 기억이 이루어지는 과정에서 실마리를 찾아보자.

인지심리학자 앳킨슨과 시프린은 기억의 과정을 감각 기억, 단기 기억, 장기 기억으로 분류했다(앳킨슨과 시프린의 기억 모델을 참조하자). 먼저 '감각 기억'이란 외부 세계의 자극이 눈, 코, 귀, 입, 피부와 같은 감각 기관에 감지되면서 잠깐 유지되는 기억을 말한다. 감각 기관 수준의 기억은 그 용량이 대단히 크지만 우리가 그것들을 다 기억하지는 못한다. 예를 들어, 학교에 가면서 보고 듣고 냄새 맡는 것들은 엄청나게 많다. 버스나 지하철에 붙어있는 광고들, 거리에서 지나쳐간 셀 수 없이 많은 사람들, 길가에 피어 있는 이름 모를 꽃과 향기 등등. 그러나 감각 기억에서 정보가 유지되는 시간은 몇 초에 불과하다. 일부러 어떤 자극에 주의를 기울이지 않는 한 이내 사라진다.

잊지 않기 위해서는 선택적 주의가 필요하다. 그러면 '단기 기억'으로 넘어간다. 보고 듣고 느끼는 수많은 자극 중 잠깐 주의를 기울여 기억에 남도록 하는 것이다. 길을 걷는데 자동차 경적 소리가 빵 하고 나서 쳐다보았다든가, 유난히 화려한 옷차림을 한 이성이 있어 시선을 빼앗겼다든가, 지하철에서 맛있는 간식 냄새가 나서 먹고 싶다는 생각을 했다든가 하는 식이다. 단기 기억 중 특히 어떤 일을 하고 있을 때의 기억을 작업 기억이라고 한다. 이는 수업을 듣거나 공부를 할 때 활성화되어 머리에 남아 있는 기억이다. 단기 기억 단계에서 저장할 수 있는 항목의 수는 7±2, 즉 5~9개 정도다. 따라서 기억해야 하는 정보들을 5~9개 내외로 조절하는 게 가장 좋다.

이렇게 효과적으로 처리된 정보는 이제 '장기 기억'으로 넘어간다. 인간의 장기 기억에 저장되는 기억의 용량은 슈퍼컴퓨터 수준을 한참 초월할 만큼 엄청나다. 그러나 중요한 것은 인출 즉, 저장된 기억을 꺼내는 방법이다. 저장된 기억이 아무리 많아도 꺼내고 싶을 때 꺼내지 못하면 아무 소용이 없다.

기억한 내용을 떠올리기 위해서는 '인출 단서'를 사용해야 한다. 인출 단서란 특정 기억을 탐색할 때 사용하는 자극을 말한다. 혹시 고3 때의 담임선생님 성함을 기억하는가? 고3

담임 선생님 성함을 기억하는 사람은 그리 많지 않을 것 같다. 그러나 다녔던 고등학교의 풍경, 고3 때의 교실, 반 친구들, 담임 선생님이 맡았던 과목, 자주 하시던 말씀 등을 하나씩 떠올리다 보면 선생님 성함도 떠오른다. 단서를 통해 기억을 활성화하는 것이다. 무언가를 무작정 외울 것이 아니라 연관된 내용을 같이 기억하면 나중에 인출이 쉬워짐을 보여준다.

인출 단서 중에는 맥락도 있다. 특정 시간, 특정 장소, 같이 있던 사람들 등이다. 예를 들면, 시험을 치를 장소와 최대한 비슷한 환경에서 공부하면 유사한 상황에서 기억력이 배가된다.

기분 즉, '정서'도 기억과 관련이 있다. 사람들은 좋거나 나쁜 사건을 경험할 때 사건 자체만이 아니라 그때의 정서도 같이 기억한다. 우리는 경험한 모든 일을 기억하는 것이 아니라 중요한 일만 기억하는데 그러한 종류의 일들은 거의 반드시 정서를 수반한다.

물론 가장 효과적인 기억법은 수없이 반복하는 것이다. 단기간에 많은 것을 외워야 하는 시험공부에서는 이 이상 좋은 방법은 없다. 하지만 그런 종류의 기억에도 인출 단서(맥락, 정서)는 중요하다.

#기억 #감각기억 #단기기억 #장기기억 #인출단서

3

공부가 잘되는 곳
찾는 법

시험 철이 되면 학교 앞 카페들이 꽉꽉 들어찬다. 고시나 자격증 시험처럼 집중적인 공부가 필요할 때 사람들은 집을 나와 독서실이나 고시원을 찾는다. 옛날 선비들이 과거 공부를 위해 절에 들어갔던 일과도 비슷하다. 집중도 잘 되고 공부도 더 잘되는 곳을 찾기 위한 사람들의 노력은 예나 지금이나 변함이 없으며 앞으로도 계속될 것이다.

그러나 그런 곳을 찾아가서 공부해도 반드시 공부가 잘되는 것은 아니다. 카페며 도서관에는 자리만 맡아져 있고 주인은 없는 자리들이 부지기수이며, 앉아는 있지만 마음은 이미 딴 곳에 있는 사람도 보인다. 누구나 이런 경험이 있다.

애써 찾은 새로운 장소도, 모처럼 다잡은 마음도 흐지부지
된 경험. 그러면 어떻게 해야 공부의 능률을 높일 수 있을까?

장소와 하는 일과의 관련성은 '고전적 조건화'로 설명할
수 있다. 파블로프의 개 실험으로 잘 알려진 고전적 조건화
란 특정 환경이 특정 행동에 반복적으로 연결되면 그 환경에
서는 연결된 행동이 자동적으로 나오는 것을 말한다. 개에게
먹이를 주면 침을 흘리는 행동과 같이 생각하지 않고도 반사
적으로 나오는 행동처럼 말이다.

고전적 조건화의 예로 내 방에서 공부가 안 되는 이유를
살펴보자. 공부를 하는 쪽과 안 하는 쪽, 어느 쪽이 더 자연
스러울까. 당연히 안 하는 쪽이다. 우리는 시간이 있으면 TV
를 보거나 핸드폰을 하거나 뭘 집어먹거나 멍을 때리고 싶어
하지, 전공책을 읽거나 헤드폰을 쓰고 인강을 듣고 싶어 하
지는 않는다. 이런 자연스러운 행동은 내 방이라는 공간에서
더욱 편안하다. 왜냐면 먹고 놀고 자고 쉬는 행동 대부분은
내 방에서 이루어지기 때문이다. 그래서 내 방에만 오면 놀
고 싶은 마음이 생기지, 공부해야겠다는 마음은 저 멀리 사
라지고 만다. 그러다 시험 때만 되면 카페며 독서실, 하다못

해 빈 강의실을 전전한다. 연결을 끊기 위해서다.

한 번도 놀고, 먹고, 자고를 안 해봤던 공간은 새로운 행동과 연결되기 쉽다. 행동주의심리학(인간의 행동을 자극과 반응으로 설명하는 심리학)에서는 이를 '연합'이라고 한다. 카페에서 공부에서 잘되는 것도 일시적으로는 새로운 환경과 공부라는 연결이다. 그런데 공부를 위해 찾은 새로운 환경에서 공부 이외 다른 행동과 연결이 된다면 내 방에서 공부하는 것과 다름이 없다. 곧 집중이 안 되고 잠이 오고 야식이 생각난다.

물론 내방이라는 공간도 대학의 중간, 기말고사처럼 공부 기간이 짧은 시험에는 크게 영향을 받지 않을 수 있다. 한두 번 자고 뭐 좀 먹고 핸드폰 좀 들여다봐도 몇 시간만 더, 며칠만 더 하면 된다는 생각으로 마음을 다잡으면 된다. 문제는 고시생처럼 장기간 수험생 생활을 해야 하는 경우나, 학자나 작가처럼 별도의 연구실이나 집필실이 없는 경우이다. 이때는 결국 내 방에서 공부 혹은 일을 쉼과 동시에 해야 한다. 그래서 작은 방이라도 휴식과 여가를 위한 공간과 공부와 일을 위한 공간을 반드시 구분하는 것이 좋다.

그리고 새로운 환경에서 공부만 했던 사람도 얼마 지나지 않으면 눕고 싶고 쉬고 싶어진다. 작심삼일이란 말이 나오는 이유이다. 새로운 환경과 하고자 하는 일을 잘 연합하기 위해서는 그 행동이 눕고 쉬는 것처럼 자연스러워질 때까지 반복적으로 몸에 익혀야 한다. 행동주의 심리학자들은 그 기간을 최소 3주일, 21일이라고 말한다.

#고전적조건화 #조건화 #연합 #공부환경 #습관

4

결정장애에서
벗어나는 법

주변에 결정장애로 고통받고 있는 사람이 있는가? 결정장애란 점심으로 뭘 먹을지, 주말에는 뭘 할지 등의 사소한 결정도 내리기 어려워하는 증상(?)을 말한다. 결정장애는 심리학의 공식적인 진단명은 아니다. 하지만 언제부터인가 어떤 결정을 내리기 힘들어하는 이들이 많아지면서 우리 주위에서 많이 들려오기 시작한 말이다.

결정장애가 있는 사람들은 점심 메뉴나 주말 스케줄 같은 간단한 일에서부터 어떤 직장에 취업할지, 어떤 사람과 사귈지, 결혼은 해야 할지 말아야 할지, 나아가 자신의 인생 방향을 좌우하는 결정까지도 혼란스러워한다. 당장 오늘 뭘 입을

지도 결정하지 못하는 사람이 30년 후의 미래를 그릴 수 없는 것은 당연하다.

이러한 결정장애는 부모님의 양육 태도와 밀접한 관련이 있다. 어려서부터 중요한 결정을 부모님이 대신해 준 사람은 성인이 되어서도 자신이 어떤 결정을 내려야 하는 상황을 어려워한다. 이름만 들으면 아는 해외 명문대학교를 졸업한 어느 수재는 어머니에게 이렇게 물었다고 한다. "엄마, 다음엔 뭐 해야 해?"

부모들은 자식이 잘되길 바란다. 어렸을 때부터 가장 좋은 길로 인도하려 하고 성공하는 데 필요하다는 것만 시킨다. 문제는 그 과정에서 자식의 결정권이 무시된다는 것이다. 부모는 사회 경험이 더 많고 아는 것이 더 많다는 이유로 자녀의 결정을 대신한다. "너는 엄마가(아빠가) 시키는 대로만 하면 돼, 그 대학만 가면(그 직장만 가면) 네가 원하는 것을 마음대로 할 수 있어."

자녀가 어릴 때는 이렇게 하는 것이 효율적일 수 있다. 하지만 자녀의 자아가 성장하고 자신의 인생을 살아야 할 때는 삶의 중요한 결정을 내리지 못한 경험이 커다란 걸림돌로 작용한다. 자기가 원하는 바를 모르고 자신이 결정한 바를 실행해 옮겨본 적도 없는데 어찌 '마음대로' 할 수 있겠는가.

물론 모든 결정장애가 부모님의 양육 태도 때문만은 아니다. 점점 더 커져가는 세상의 불확실성 역시 결정을 어렵게 하는 요소다. 인류를 행복하게 해줄 거라 믿었던 기술의 발전은 인류의 일자리를 빼앗고 있다. 여기에 변화하는 산업 구조와 불안한 경제 상황 그리고 격동하는 세계정세와 기상 이변까지. 당장 내일이 어찌 될지 아무도 모른다. 그러니 긴 안목을 갖고 무언가를 결정하기가 쉽지 않다.

내가 무엇을 해야 할지 모르겠고 결정도 할 수 없는 상황은 '통제감의 상실'을 의미한다. 통제의 욕구는 인간이 가진 욕구 가운데 가장 중요한 것 중 하나다. 사람들은 '할 수 있는 일이 없다'고 생각하면 불안과 우울감을 느낀다. 그리고 이러한 상태에서 벗어나기 위해 강박적으로 어떤 일에 집착하거나 자신에게 할 일을 주는 누군가에게 의존하기도 한다.

통제감의 욕구는 심지어 '통제 착각'을 불러일으키기도 한다. 경기를 앞둔 스포츠 선수들이 하는 저마다의 루틴(버릇)은 긴장과 불안을 줄이고 경기에 집중할 수 있게 한다. 옛날부터 행해져 온 수많은 제의(祭儀)도 이와 동일하다. 취업과 결혼 등 인생의 중요한 결정을 앞두고 점집을 찾는 사람들의 심리도 마찬가지이다. 마치 통제할 수 있다는 착각을 하는 것이다.

통제할 수 없기 때문에 어찌 될지 모른다고 불안에 떨며 남은 인생을 그냥 보낼 수는 없다. 오래지 않아 지구가 멸망한다 하더라도 그때까지의 삶도 나의 삶이며 의미있게 만드는 것도 나의 책임이다. 그러려면 결정을 내가 내릴 수 있어야 한다. 내일 지구가 멸망해도 오늘 사과나무를 심겠다는 어떤 분처럼 말이다.

결정장애에서 벗어나기로 결심했다면 일단은 사소한 결정부터 스스로 내려보는 연습을 해보자. 마음은 일종의 습관이다. 해본 적 없고 두려운 일이라도 꾸준히 조금씩 하다 보면 언젠가는 잘할 수 있다. 오늘 입고 나갈 옷을 고르고, 점심으로 먹을 메뉴를 선택하고, 다음 학기에 들을 수업을 결정하다 보면 더 중요한 결정도 내릴 수 있다.

#결정장애 #의존성성격 #양육태도 #불확실성 #결정연습

5

고속버스에서
OO가 터진다면

고속버스에서 설사가 터져본 적이 있는가. 고속버스에는 화장실이 없다. 세 시간 이상의 장거리 노선이 아니라면 중간에 휴게소를 들르는 일도 없다. 도착 시각은 아직 멀었는데 아래로부터 전해져오는 신호는 점점 주기가 짧아진다. 그 난감함은 직접 경험해본 사람이 아니더라도 익히 짐작할 수 있으리라.

이런 상황에 닥치면 사람들의 성격이 드러난다. 어떤 사람은 도착할 때까지 최대한 괄약근에 정신을 집중하고 심호흡을 할 것이고, 어떤 사람은 사람이 없는 곳으로 자리를 옮겨 살며시 가방을 열지도 모른다. 여러분 같으면 어떤 선택을 하겠는가?

성격이란 어떤 사람에게 고유하게 나타나는 행동의 패턴이다. 정신역동이론에서는 성격을 욕구충족의 체계로 정의한다. 자신이 바라는 바를 충족하는 방식이 그 사람의 성격이라는 것이다. 터져 나오는 설사를 끝까지 참는 사람은 아마도 사회적 규범에 민감하며 타인을 배려할 줄 아는 사람일 가능성이 크며, 다른 사람이야 어쨌건 급한 불(?)부터 끄려는 사람은 자기중심적인 성격에 가까울 것이다.

그렇다면 바람직한 성격은 어느 쪽일까? 타인들을 위해 자신의 욕구를 참는, 다시 말해 끝까지 설사를 참는 사람이 더 바람직하다? 그러나 이는 사실이 아니다. 급하디급한 생리적 요구를 참게 되면 결국 몸이 상하기 마련이다. 나의 지인 중에는 고속버스에서 소변을 너무 참아 방광염에 걸린 이도 있다. 남들 생각하다가 제 몸 상하는 성격을 바람직하다고 말하긴 어렵다.

물론 급하다고 아무 데나 '싸제끼는' 성격은 명백히 나쁜 성격이다. 자신이야 시원하겠지만 밀폐된 버스 안에서 그 냄새는 어쩔 것이며, 그걸 치워야 하는 사람은 또 무슨 잘못인

가. 그럼 도대체 어쩌라는 건가 싶겠지만 또 하나의 선택지가 있다. 바로 기사님께 버스를 세워달라고 부탁하는 것이다.

휴게소는 아니지만 갓길에라도 차가 서면, 내려서 근처 풀숲에라도 들어가 문제를 해결하면 된다. 도착이 조금은 늦어지겠지만 돌아오면서 승객 여러분께 양해를 구하면 될 일이다. 이것이 내 생리적 욕구도 해결하고 다른 사람들에게도 피해를 주지 않는 유일한 방법이다. 그리고 이러한 해결책을 떠올릴 수 있는 이야말로 건강한 성격의 소유자다.

좀 지저분한 예를 들긴 했지만, 이 이야기는 프로이트(정신역동이론의 창시자로 인간 행동에 미치는 무의식의 영향을 강조했다)의 성격이론을 요약한 것이다. 프로이트는 인간의 정신에는 원초아(id)와 자아(ego), 초자아(superego)라는 힘이 작용하고 있다고 보았다. 원초아란 인간의 욕구를 의미하며, 초자아는 사회 유지를 위한 법과 규범들이 내재화된 것을 말한다. 여기서 가장 중요한 것은 자아의 역할이다.

자아(ego)는 욕구(id)와 규범(superego) 사이에서 균형을 맞춘다. 자아가 욕구에 치우치면 제 욕구 채우기에 급급한 성격이 된다. 반면 규범에 치우치면 법 없이도 살 사람이라는 말을 듣는다. 그렇지만 자신의 욕구는 충족하지 못한다.

건강한 성격을 가지기 위해 가장 먼저 해야 할 일은 자신의 욕구를 아는 것이다. 내가 뭘 원하는지부터 알아야 그것을 어떤 방식으로 충족할지 생각할 수 있다. 나의 욕구는 사회적 규범 안에서 충족할 수 있는 종류의 것도 있고 그렇지 못하는 것도 있다. 하지만 충족하기 어렵다고 해서 무조건 부정하거나 억압하게 되면 더 큰 대가를 치르게 된다.

먼저 내가 무엇을 원하는지 명확히 한 다음 그것을 충족할 방법을 생각하는 것이 맞다. 욕구를 충족하는 데는 여러 가지 방식이 있을 수 있다. 꼭 법과 규범을 어기고 반사회적인 방식으로 욕구를 충족할 필요는 없다.

대부분의 사람들은 자신이 원하는 바를 제대로 알지 못한다. 그리고 정신적인 문제의 상당 부분은 억압된 욕구에서 비롯된다. 욕구를 조절해야 할 자아가 욕구를 인식조차 하지 못하는 상황에서 어떤 해결이 이루어질 수 있겠는가.

#이드 #에고 #슈퍼에고 #건강한성격 #병리적성격

6

OO에 중독되지
않는 법

중독이란 어떠한 활동이나 물질에 일상생활이 어려울 정
도로 의존하게 되는 것을 말한다. 중독에는 두 가지가 있다.
도박, 게임, 운동 같은 활동에 중독되는 것과 알콜, 마약 등과
같은 약물에 중독되는 것이다.

사실 중독의 기제는 유사하다. 뇌와 화학 물질의 작용이
다. 어떤 활동을 하다 보면 목적의식과 성취감을 맛보게 되
는데, 이때 분비되는 도파민은 짜릿한 쾌감을 준다. 운동할
때 나오는 아드레날린과 고통을 덜어주는 엔돌핀 역시 중독
에 이르게 하는 화학 물질이다. 사람들은 운동이 주는 흥분
과 쾌감을 더 맛보려다 건강을 잃기까지도 한다.

술이나 마약처럼 쾌감을 일으키는 화학 물질을 몸에 집어넣는 식의 중독은 상대적으로 예방이 쉽다. 그러한 물질을 멀리하면 된다. 하지만 활동에 대한 중독은 점진적으로 이루어지기 때문에 자신도 알아차리지 못한 채 의존성이 커질 우려가 있다.

도박 중독의 예를 들어보자. 명절 때 가족들과 잠깐 즐기는 고스톱이나 수학여행에서 친구들과 심심풀이로 하는 카드놀이처럼 단순한 즐거움을 위한 게임은 중독의 위험이 적다. 문제가 되는 것은 돈이 걸렸을 때다. 다시 말해 보상이 크고 위험이 커질 때다. 이러한 상황은 우리 몸에 더 큰 흥분과 짜릿함을 준다.

자칫했다가는 돈도 잃고 건강도 잃고 패가망신까지 할 수도 있다. 특히 프로 도박사들이 상주하는 하우스나 인터넷 도박 사이트에는 처음부터 발걸음을 하지 않는 편이 좋다. 그들은 학위만 없을 뿐, 인간 심리의 대가들이다. 특히 호구를 끌어다 판 앞에 앉히고 차근차근 벗겨 먹는 방법은 행동주의이론의 정수가 담겨있다.

행동주의는 보상과 행동의 관계를 연구해온 심리학의 분

야다. 손다이크(미국의 심리학자로 동물의 행동과 학습 과정에 대한 연구로 연결주의이론의 발전을 이끌었다)는 간단한 조작으로 열 수 있는 상자 안에 고양이를 넣고 상자 앞에 좋아하는 먹이를 두었다. 먹이가 먹고 싶은 고양이는 여러 가지 행동(시행착오) 끝에 문을 열고 나가 먹이를 먹었다. 이는 먹이를 얻기 위해 문을 여는 행동을 학습한 것으로 이를 '효과의 법칙'이라고 한다.

스키너('스키너 상자'로 유명한 행동주의 심리학자, 그의 조작적 조건화 이론은 교육학과 심리학에 많은 영향을 끼쳤다)는 효과의 법칙을 조금 응용하여 쥐에게 보다 복잡한 행동을 가르쳤다. 손다이크는 고양이가 시행착오 끝에 스스로 문을 열고 나올 때까지 기다렸다면 스키너는 쥐가 얻을 보상을 조금씩 나누어 쥐가 레버를 눌러 먹이를 먹는 행동을 차근차근 만들어 냈다.

다시 말해, 유기체(고양이, 쥐, 사람 등)는 효과를 얻기 위해 어떠한 행동을 학습하며, 이 행동은 여러 단계와 절차로 조작할 수 있다는 것이다. 이 원리를 '조작적 조건화'라고 한다. 이때, 단계별로 보상을 주어 특정 행동의 빈도를 늘리는 절차가 '강화'(reinforcement)이다.

한민의 심리학의 쓸모

행동주의 심리학자들은 더 큰 효과를 내는 강화의 다양한 전략들을 개발했다. 정해진 시간마다 강화를 제공하는 '고정 간격 강화'와 불규칙한 간격으로 강화를 주는 '변동간격 강화', 특정 행동을 정해진 수만큼 반복해야 강화가 주어지는 '고정비율 강화'와 그 행동을 몇 번 해야 강화가 나올지 알 수 없는 '변동비율 강화'가 그것이다.

이런 전략을 잘 조합하면 유기체는 시간 가는 줄 모르고 특정 행동에 몰입한다. 선수(프로 도박사)들이 사용하는 방법이 바로 이것이다. 그들은 돈을 잘 쓸 것 같은 호구를 불러들여 처음에는 몇 판에 한 번꼴로 돈을 따게 해 준다(고정간격 또는 고정비율 강화). 돈도 벌고 기분도 좋아진 호구는 자신도 모르게 점점 더 큰돈을 베팅하게 되지만 돈을 딸 확률은 점점 떨어진다(변동간격 또는 변동비율 강화). 큰돈을 잃은 호구는 그동안 잃은 돈을 단번에 만회하기 위해 더 큰돈을 쏟아붓는다. 하지만 선수들은 호구를 완전히 털어먹고 판을 뜬다. 호구가 돌이킬 수 없다는 것을 깨달았을 때는 이미 너무 많은 시간이 흐른 뒤다.

프로의 세계는 냉정하다. 내가 그만한 실력과 운을 갖추지 못했는데 자꾸 좋은 일이 생긴다는 것은 누군가 나에게 강화전략을 쓰고 있다는 신호다. 그것이 무슨 일이건 빨리 손 털고 나오시길.

#행위중독 #조작적조건화 #강화 #강화전략 #타짜

　한민의 심리학의 쓸모

7

마음 관리를 하는
가장 손쉬운 방법

우리는 몸이 아프면 바로 병원에 간다. 약 먹으면 2주, 안 먹으면 14일이 걸린다는(약을 먹으나 안 먹으나 똑같다는 농담입니다) 감기부터 운동하고 근육통이 생기거나 혹은 불의의 사고로 팔다리에 골절상을 입었을 때도 병원으로 달려간다. 당연하다. 고통을 완화하고 손상된 신체적 기능을 회복하기 위해서다.

그러나 마음이 아플 때는 다소 다르게 반응한다. 맛있는 거 먹고 며칠 푹 쉬면 괜찮아질 거라든지, 어디 가서 기분 전환이라도 하면 나을 거라든지, 아니면 정신력이 부족해서 그렇다며 나약한 사람으로 몰아가기까지도 한다. 이런 말을 들으면 마음이 편치 않은 사람은 '나한테 문제가 있나?'하고 더 의기소침해지기 마련이다.

한국인들은 투혼, 정신력이라는 말에 익숙하다. 뜻을 세우면 못할 일이 없다는 말도 자주 한다. 많은 분들이 금과옥조로 여기는 '하면 된다' 자체는 틀린 말은 아니다. 안 하면 될 일도 안 되는 거니까 말이다. 현대 한국의 지난 수십 년은 그런 시대였다. 어떤 희생을 치르더라도 무조건 해야 했고, 반드시 하지 않으면 안 되는 시대였다.

36년의 일제 강점기에서 벗어난 이후, 곧바로 터진 한국 전쟁으로 우리나라는 잿더미가 되었다. 한국인들은 말 그대로 제로 베이스에서 모든 것을 시작할 수밖에 없었다. 제로 베이스다 보니, 뭐라도 하기만 하면 뭔가가 나왔다. 그래서 황무지에서 모든 걸 다 새로 만들었다. 그렇게 '하면 된다' 정신은 한국인의 상징이 되었다.

없는 것을 새로 만드는 것은 힘든 일이다. 시행착오가 나올 수밖에 없고 부작용이 나타날 수밖에 없다. 한국인들은 그 과정을 정신력 하나로 버텨냈다. 동시에 수많은 부작용은 '결과' 앞에서 묻혀 갔다. 지나친 정신력의 강조는 시스템을 무시하고 가시적 성과에 목을 매는 사회를 만들었다. 눈에 보이는 성과를 위해 법도 원칙도 같이 사는 이웃도 무시했다. 실패했거나 모자라거나 아픈 사람은 말할 나위도 없었다.

성공한 사람들은 본인은 정신력으로 어려운 시절을 버텨냈다고 생각한다. 그러면서 다른 이들의 말을 들을 줄도, 공감도 하지 못한다. 정신력이 약한 이들의 투정으로만 받아들인다. 열정 페이, 아프니까 청춘이다, 노력이 부족해, 나 때는 말이야, 이런 말들이 모두 그런 연유에서 비롯되었다. 지금까지도 우리는 정신력을 강조하며 구성원들의 희생을 당연히 여기는 수많은 이들과 살고 있다.

그렇다면 우리의 살림살이는 좀 나아졌을까? 이제는 정신력에 대한 생각을 바꿀 때가 되었다. 마음 건강에 대한 생각도 마찬가지다. 마음이 아픈 것을 정신력으로 해결할 수 없는 이유는 마음의 병 자체가 몸에 원인이 있거나 몸과 마음의 상호작용 결과로 발생하기 때문이다.

조현병은 유전적 소인과 신경전달물질 도파민의 분비와 흡수에 따른 병이고, 우울증과 양극성 장애는 세로토닌 수치와 관련이 있다. 공황장애를 비롯한 불안장애의 증상들은 심혈관계 및 소화계 계통의 장애를 동반하며, 심한 스트레스는 갑상선을 비롯한 내분비계에 무리를 준다.

이런 생물학적 작용은 정신력으로 통제할 수 있는 것들이 아니다. 신경전달물질이나 호르몬의 분비 같은 일들은 의지와 관계없이 일어난다. 기분의 변화나 몸의 변화도 마찬가지다. 나약해서 정신병에 걸린다는 생각은 정신의학에 대한 이해가 부족하고 마음에 대한 지식이 모자랐던 시대의 산물이다.

정신의학과나 상담소를 찾는 것을 부끄러워하지 말아야 한다. 생각해보면 조금도 부끄럽거나 꺼릴 이유가 없다. 세상에 누구도 배탈이 나서 내과에 가는 것을, 화상을 입어 피부과에 가는 것을, 다리가 부러져서 정형외과에 가는 것을, 겨울이 오기 전 독감 예방주사를 맞는 것을 꺼리지 않는다. 마음 건강도 마찬가지다. 아프면 병원에 가는 게 당연하다.

#정신력은이제그만 #마음관리 #건강 #병원 #아프면병원가자

8

현명하게 점집에
다니는 방법

점집을 가라고 하다니. 심리학자가 할 말은 아닌 것 같다고 생각하는 분도 있을 것이다. 그래도 '과학'으로서의 정체성을 가지고 있는 것이 심리학 아닌가. 하지만 세상에는 과학으로 해결할 수 없는 일들이 많다. 미래에 대한 불안이 대표적이다. 사람이 달에 다녀온 지도 수십 년이 지났지만 미래를 알 수 있는 방법은 아직 개발되지 않았다.

한국의 무속인 수는 80만 명이다. 지난 20여 년간 60만 명이상이 증가했다. 미래에 대한 불확실성이 커지고, 이에 대한 정신적인 문제를 호소하는 사람들이 늘면서 무속인의 수도 덩달아 늘어난 것 같다.

사실 마음이 힘들면 정신의학과나 상담소를 가야 한다. 그런데 우리는 점집을 더 많이 찾는다. 언제쯤 취업이 될지, 언제쯤 결혼을 할 수 있을지, 언제쯤 인생이 풀릴지 등 지금 내 마음을 힘들고 어렵게 하는 이유가 언제쯤 해결될지 미래를 알고 싶어 점집을 찾는다.

정신과나 상담소의 선생님들은 내 마음을 이해하고 다스리는 법은 알려주지만 미래는 가르쳐주지 않는다. 아니 가르쳐줄 수가 없다. 답답한 마음에 상담소를 찾았던 사람들은 미진한 기분을 해결할 길이 없다. 결국 이들은 무속인을 찾아간다. 그렇게 찾아간 무속인에게서 이들은 원하는 대답을 들을까? 점집에서 말하는 대로 하면 승승장구 보장된 미래가 찾아올까? 점집을 찾아간 사람들이 모두 성공했다면 세상은 훨씬 아름다워졌을 것이다. 그럼에도 사람들은 점집을 찾는다.

사람들이 점집에서 얻는 효과는 '통제감'이다. 미래가 불안할 때 사람들은 통제감을 상실한다. 사람들은 내가 할 수 있는 일이 없다고 느낄 때 심각한 좌절과 우울을 경험한다(결정장애를 설명하면서도 얘기한 적 있다). 이때 필요한 것은 내 감정을 이해하고 다스리는 일뿐만이 아니다. 나는(필자는) 지금 미신을 조장하려는 것이 아니다. 다만 사람들이 점집을 찾는 이유를 설명하고자 한다.

우리가 살면서 겪게 되는 수많은 부정적 감정 중 미래에 대한 불안에서 비롯되는 것들이 적지 않고 이러한 감정을 잘 관리해야 행복하고 의미 있는 삶에 다가갈 수 있다. 무속인들은 정확한 미래를 알려주지 않는다. 콕 집어 언제, 어디서, 무엇을 해야 잘된다고 알려주기보다는 '언제쯤 무슨 운이 들어오니 어떤 종류의 일을 해 보는 게 좋겠다'라는 식의 조언을 준다. 그러면 의뢰인들은 자신이 처한 환경과 조건에 무속인들의 말을 대입하고 지금 이 상황에서 자신이 할 수 있는 일을 찾는다. 그러면서 불안을 해소하고 잃었던 통제감을 다시 획득한다.

취업이 되지 않아 고민인 취준생(취업준비생)이 무당을 만났다. 무당은 "지금은 취업운이 없고 2,3년쯤 뒤에 운이 있을 것"이라고 이야기한다. 계속되는 취업의 실패를 자신의 불운과 능력 부족이라 여기고 괴로워하던 취준생은 그것이 자기 때문이 아니라 시기의 문제였다고 생각한다. 그리고 운이 찾아올 때까지 마음을 다잡고 공부를 이어간다. 한 치 앞이 보이지 않던 상태에서 꽤 많은 것들이 명확해진다.

사람들이 점집을 찾는 이유가 이 때문이다. 단, 반드시 명심해야 할 사실 하나가 있다. 스스로의 운명을 개척하는 주체는 본인이다, 라는 사실이다. 노력하지 않고 손쉽게 무언가를 얻으려고 하면 결국 이런 약점을 이용하는 질 나쁜 무속인들을 만나게 된다. 아무 효력이 없는 부적을 사거나 비싼 돈을 들여 굿을 하면서 오지도 않을 미래를 기다린다. 플라시보 효과를 생각하면 부적이나 굿의 효과가 전혀 없다고는 할 수 없지만, 일부의 사례를 제외하면 가성비가 매우 떨어지는 일이다. 심리학자로서 권할 바는 못 된다.

인간에게 통제감의 욕구는 매우 중요하다. 점을 보는 행위로 미래에 대한 통제감을 얻을 수 있다면 활용해보는 것도 방법이다. 다만 무속인을 맹신하여 가산을 탕진하거나 중요한 시기에 꼭 해야 하는 일을 놓치는 우는 범하지 말아야 한다.

#점을보는이유 #통제감의욕구 #바이럴아님

9

MBTI를 지혜롭게
활용하는 법

MBTI의 인기가 하늘을 찌르고 있다. 10년 전만 해도 혈액형 성격론이 횡행하는 듯했지만 이제는 MBTI가 그 자리를 물려받은 것 같다. MBTI 성격론에 이어 MBTI 연애 유형, 직업 적성까지도 나왔다. 특정 MBTI 유형은 입사 지원을 받지 않는 회사까지 생겨났으니, 말 다했다. 그런데 MBTI는 과연 이 정도로 신뢰할 수 있는 검사일까?

MBTI가 너무 유행하다 보니 이에 거부감을 보이는 사람들도 있다. 특히 심리학자들은 MBTI를 싫어하는데, 심한 경우 혈액형 성격론과도 다를 바가 없다고 말할 정도다. MBTI 유행이 마음에 들지 않던 사람들 역시 여기에 편승하여 그런 비과학적인 검사를 믿는다고 대중들을 비웃는다. MBTI가 그 정도로 못 믿을 검사일까?

일단 MBTI에 대한 비판부터 살펴보자.

첫째, MBTI 성격 유형이 너무 적다는 비판이다. 세계 인구가 80억 명인데 MBTI의 16개 유형으로 그들을 다 설명하는 건 한계가 있다는 비판이다. 이런 비판이 얼핏 일리가 있어 보이지만 16개의 유형은 결코 적은 수가 아니다. 인간이 한 번에 처리할 수 있는 정보 단위의 수는 7±2 다. 즉, MBTI의 16개 유형은 사람의 여러 측면을 설명하기에 충분한 숫자다.

둘째, MBTI는 비과학적이라는 비판이다. MBTI의 이론적 배경이 되는 융(스위스의 정신의학자로 분석심리학의 개척자이다. 인간 내면에는 개인 무의식과 집단 무의식이 있다고 주장했다)의 이론은 인간의 무의식을 강조하는 정신역동이론의 한 갈래로 과학과 실증연구를 강조하는 주류 심리학에서는 별로 인정하지 않는 이론이다. 그런데 실증적 연구결과가 아니면 지식으로 받아들이려 하지 않는 일부 심리학자들의 태도에는 문제가 있다. 그렇다면 문학과 철학, 인류학 등 심리학이 아닌 학문에서 획득한 지식은 지식이 아니라는 것인가?

셋째, 측정방식이 자기보고식이라는 비판이다. 즉 응답자가 스스로에 대해 생각하는 바를 적는 방식이기 때문에 객관적이지 않다는 주장이다. 하지만 심리학의 여러 검사 중 자기보고식이 아닌 것은 찾아보기가 어렵다. 심지어 심리학에서 가장 활발하게 연구되는 성격 검사인 'Big5'(인간의 성격을 다섯 가지의 상호 독립적인 요인들로 설명하는 성격심리학 모형으로 1976년 심리학자 폴 코스타와 로버트 매크레이가 개발했다. 다섯 가지는 신경성, 외향성, 개방성, 우호성, 성실성이다.)도 측정 자체는 자기보고 형식으로 이루어져 있다.

이런 비판보다도 MBTI의 진짜 문제는 타당성에 있다. 심리측정에서는 검사가 측정하는 바를 제대로 측정하느냐 정도를 두고 '구성타당도'라고 하는데, MBTI가 측정하는 것은 성격이라 하기 어렵다. 성격은 시간에 관계없이 일관적으로 나타나는 한 개인의 고유한 행동 방식으로 정의되지만 MBTI에서 측정하는 내용은 그 시점에서의 행동 선호도에 가깝다.

더 큰 단점은 '준거타당도'다. 준거타당도란 그것과 관련 있다고 생각되는 다른 개념들을 얼마나 예측할 수 있느냐의 문제다. 예를 들어, 외향성이 높으면 영업이나 판매 업무를 잘하고 성실성이 높은 사람은 일을 성실하게 한다는 것이 실제로 입증되느냐이다. MBTI의 E들이 영업이나 판매를 잘할 것 같고, S들이 꼼꼼한 업무를 잘할 것 같은 느낌적인 느낌과는 별개로 MBTI의 준거타당도는 검증된 적이 없다. 다시 말해 MBTI 성격 유형과 연애 스타일, 직무 적성 등의 개념은 실제로 연구된 바가 없다는 것이다. 시중에 떠도는 연애 및 직무와 관련된 '썰'들은 말 그대로 가설에 불과하다.

애초에 MBTI 자체가 성격을 측정하는 도구가 아니었기 때문에 산업 및 조직심리학에서는 MBTI와 직무에 대한 어떤 연구도 이루어진 바가 없다. 따라서 MBTI의 결과를 연애나 업무 등에 관련지으려는 시도는 바람직하지 않다. 특히나 면접 때 MBTI 유형을 묻는 회사는 인사 담당자가 조직 행동에 대한 최소한의 이해도 없다는 증거로 구직자들에게 그다지 권할 만한 회사가 못 된다.

MBTI가 비과학적이거나 쓸모없는 검사라는 이야기는 아니다. MBTI는 자기이해를 목적으로 개발된 검사로 자신이 선호하는 행동이나 문제 해결 방식 등에 대한 충분한 이해를 제공한다. 그리고 그런 목적으로는 대학의 학생 생활상담소를 비롯해 여러 상담 기관에서 활발히 활용되고 있다. 그러니 MBTI 본연의 목적으로 사용하는 것은 전혀 문제 될 것이 없고 심지어는 매우 유용하기까지 하다.

#MBTI #타당도 #연애 #직무적합도 #자기이해

타인과의 관계 속에서

10

의외로 쉽게
행복해지는 법

현대 사회는 혼자 살기에 최적화되어 있다. 대도시일수록 그렇다. 편리한 교통, 편의시설, 즐길 거리까지. 꼭 밖에 나가지 않더라도 스마트폰 하나면 못할 것이 없다. 배고프면 배달 앱을 이용하면 되고 심심하면 유튜브나 넷플릭스를 보면 된다. 특히 청년들은 대학 진학이나 취업 등 여러 가지 이유로 혼자 사는 경우가 많은데, 한창 바쁜 사회 초년생의 경우 누군가를 만날 시간도 여력도 없다.

차차 혼자만의 삶에 익숙해지다 보면 이렇게 계속 살 수 있을 것 같은 생각이 들기도 한다. 나가봐야 돈 들고 시간 드는데 차라리 혼자 지내는 게 경제적으로도 유리하다는 생각이다. 혼자 사는 게 편하다는데 누가 뭐라고 할 사안은 아니지만, 사람을 만나지 않겠다는 삶이 현명한 것이라는 생각에는 문제가 있다. 그 이유는 인간은 사회적 존재이고 개인의 삶은 관계 속에서 규정되기 때문이다. 연구에 따르면 인간은 다른 사람과 함께 할 때 즐거움과 목적의식은 배가 된다. 이처럼 타인과의 관계는 행복과 연관이 깊다.

행복한 사람은 다른 사람들과 함께 지내는 시간이 많다. 반면 외로움은 행복과 정신 건강의 적이다. 시카고 대학의 카시오포 교수는 현대인의 가장 총체적인 사망 요인이 외로움이라고 단언한다. 외로움, 배신감, 이별 등에는 고통이 따른다. 뇌는 이러한 사회적 고통을 이용해 위협을 알리며, 그 덕에 더 치명적인 고립을 방지한다. 뇌 영상을 보면 신체적, 사회적 고통은 동일한 뇌 부위에서 발생한다. 다리가 잘리는 것만큼 생존에 위협적인 것이 집단으로부터 잘려나가는 것이다.

관계에서 멀어지는 것을 현명하다고 믿고 고립을 당연히 여기는 것은 인간이 진화해 온 방식이 아니다. 그리고 원하는 것을 얻기 위해서도 대인 관계와 사회적 기술은 반드시 필요하다. 관계에서의 도피는 사회적 기술의 퇴화를 가져온다. 특히 감정 조절 및 대인 관계 능력을 맡고 있는 전두엽이 발달하는 시기인 20대 초중반, 이때 사회적 관계를 회피하는 것은 자신의 미래에 엄청나게 해로운 일이다. 30대가 넘으면 전두엽은 더 이상 발달하지 않는다. 사회적 기술이 더 이상 늘지 않는다는 뜻이다. 그러나 30대 이후는 사회적 관계가 본격적으로 중요해지는 시기다. 혼자 할 수 있는 일이 늘어난다 해도 정작 중요한 일들은 사람들과 얼굴을 맞대야 이루어진다. 귀찮고 짜증이 난다고 관계에 소홀하면 그 책임은 결국 자신에게 돌아온다.

부족한 사회적 기술은 서툰 대인 관계로 이어지고, 서툰 대인 관계는 상처로, 상처는 고립으로 이어지는 악순환의 고리가 된다. 최근 유난히 분노 범죄가 두드러지는 데는 관계의 기피와 그로 말미암은 사회적 기술의 부족이 중요한 원인으로 꼽힌다. 타인과의 갈등을 경험해 본 적 없는 이들이 충분히 해결할 수 있는 갈등을 극단으로 몰고 간 케이스라 할 수 있다.

얼굴 보고 이야기하면 금방 풀릴 일들도 카톡이나 문자를 주고받다 보면 오해와 갈등이 커지는 경우가 있다. 사람들은 수백 만년 이상 눈빛과 몸짓, 터치와 냄새로 소통해왔다. 그리고 이러한 비언어적 소통은 실제 소통의 90% 이상을 담당한다. 혼자 지내는 것보다는 누군가와 관계를 맺고 유지하는 것이 모든 면에서 훨씬 이롭다. 물론 정말 안 되겠다 싶은 관계는 끊거나 한발 물러설 필요가 있다. 그러나 관계에서 자유로워지라는 말은 여러 사회적 관계 속에서 내 삶의 중심을 잡으라는 얘기지 관계 자체를 끊으라는 것은 아니다.

사회적 관계는 피곤한 일이다. 많은 에너지와 자원이 든다. 막 사회생활을 시작한 청년들은 더 힘들게 느껴질 수 있다. 하지만 관계를 통해 얻을 수 있는 것들은 생각 이상으로 많다. 사람들은 관계로부터 위안과 안정을 얻고, 더 나은 사람이 될 수 있는 자극을 얻는다. 즐거움과 삶의 의미도 마찬가지다. 따라서 관계 유지에 들어가는 비용은 소모가 아닌 투자로 이해해야 한다.

#사회적관계 #전두엽 #행복 #어울려산다

11

'썸남' '썸녀'가
가야 할 곳

'썸'이란 정식으로 사귀는 것은 아니지만 서로 호감은 있는 그런 상태를 말한다. 친구도 연인도 아닌 애매한 사이 말이다. 어떤 사람은 그 묘한 설렘과 긴장감이 좋아 썸만 타기도 한다지만, 이왕이면 썸을 넘어 좀 더 확실한 관계로 나아가고 싶다. 하지만 그게 쉽지가 않다. 둘만 보자고 해도 될까? 가면 어디를 가야 할까? 가서 무슨 이야기를 하는 게 좋을까?

결혼은 고려해야 할 현실적인 문제로 주저하게 되지만 젊은 날의 연애는 누가 막겠는가. 좋아하는 사람이 있으면 한번 사귀어 보기도 하고, 서로가 마음에 들면 더 깊은 관계로

가 보는 것도 나쁘지 않다. 사람을 만나고 사귀는 것도 다 경험이라고 하지 않던가. 그러나 천 리 길도 한 걸음부터, 썸타는 남녀들이 가야 할 곳과 가지 말아야 할 곳을 알아보자.

한 실험이 있다. 남성 참가자들에게 높은 산의 봉우리를 연결한 구름다리를 건너게 했다. 옆에 여성 가이드를 대동한 채 구름다리를 다 건넌 후, 남성 참가자들에게 여성 가이드에 대한 호감도를 물어보았다. 다수의 남성들은 그녀가 꽤 매력적이었다고 응답했다.

정서는 생리적 흥분과 이에 대한 해석으로 이루어진다. 흥분의 이유가 명확하다면 해석의 여지가 없겠지만, 구름다리는 살짝 애매하다. 높긴 하지만 안전 장치도 충분하고, 몸은 분명히 위험하다는 신호를 보내고 있지만 옆에 멀쩡히 건너고 있는 여성(가이드)도 있다. 이런 상황에서 남자들은 자신이 느끼고 있는 감정(가슴이 두근거리고 손에 땀이 나는)을 공포 때문으로 해석하기보다는 이성의 매력 때문이라고 생각한다.

썸처럼 애매한 관계도 마찬가지다. 내가 누굴 좋아한다는 확신이 없을 때는 주변 상황에 크게 좌우된다. 단도직입적으로 말해, 두근거리고 가슴이 뛰는 곳에 있으면 그것이 상대방 때문이라고 쉽게 착각할 수 있다는 뜻이다. 사람들은 위험한 곳에 있거나 격렬한 운동을 할 때 가슴이 뛴다. 그렇다면 썸남썸녀가 가야 할 곳이나 해야 할 것이 산이나 익스트림 스포츠일까? 반은 정답이다. 상대방이 등산이나 패러글라이딩을 좋아한다면, 두 사람의 썸은 금방 불타는 사랑으로 발전할 가능성이 높다. 그러나 상대가 그런 종류의 액티비티를 싫어한다면 두근거림은 분명한 이유를 갖게 된다. 공포와 생존 욕구, 이런 상황을 초래한 사람에 대해서는 증오가 썸을 대체한다.

개인적으로는 위험부담이 큰 산행이나 익스트림 스포츠보다는 영화나 게임 카페 등을 추천한다. 영화는 적당한 몰입과 흥분을 일으키는 액션이나 공포 영화가 좋다. 중요한 포인트는 애매함이다. 등산이나 익스트림 스포츠를 하더라도 산은 너무 높지 않아야 하며, 액티비티는 너무 위험하지 않아야 한다. 영화를 볼 때도 마찬가지이다. 꿈도 희망도 없이 파괴적이기만 한 액션 영화나 무섭다 못해 인간 혐오가 올 정도의 공포 영화라면 부작용이 더 크다. 적절한 수준의 기분 좋은 흥분과 그 이유가 되어줄 사람. 이 조건이 충족되면 썸은 곧 사랑으로 바뀐다.

한편, 이 방법은 상대의 호감을 거절할 때도 유용하다. 가슴이 뛰지 않는 곳을 찾는 것이다. 호숫가나 강변 등 오랫동안 바라보고 있을 수 있는 고요한 풍경이 있는 곳, 영화는 소위 예술(?)영화를 추천한다. 러닝타임이 길면 길수록 좋다. 조용한 호숫가를 거닐거나, 작품성은 인정받았지만 정말 지루한 영화를 보다 보면 당신을 향해 뛰던 상대의 심장은 한없이 느리게 뛸 것이다. 당연히 당신을 향한 감정도 갈 곳을 잃게 된다. 이 방법은 상대를 매몰차게 거절하는 것에 미안함을 느끼는 분들이 사용하면 좋다.

이번 글을 요약하자면 '감정을 잘 이용하자'가 되겠다. 사람들은 지금 자신이 느끼고 있는 감정의 이유를 찾으려 한다. 내가 그 이유를 적절히 만들 수 있다면 상대방의 마음도 움직일 수 있다.

#사회적관계 #비대면보다대면 #전두엽발달 #행복 #어울려산다

12

전두엽을
키우는 방법

인간이 다른 동물들과 가장 크게 달라질 수 있었던 것은 뇌 때문이었다. 인간은 날카로운 이빨도 두꺼운 가죽도 없다. 힘도 약하고 움직임이 빠르지도 않을뿐더러 높은 온도와 추위에도 취약하다. 하지만 인간은 이러한 약점들을 모두 뇌로 보완한다. 돌을 다듬고 철을 제련하여 어떤 이빨보다 날카로운 칼과 창을 만들었고, 복잡한 도구와 기계를 만들어 무거운 물건을 들어 올리고, 그 어떤 동물보다 빠르게 달리게 되었다. 결과적으로 지구 위 어디에도 인간이 살지 못하는 곳이 없을 정도가 되었다.

계획을 입안하고 문제를 해결하고 새로운 것을 만들어내

는 능력은 뇌에서도 대뇌, 대뇌 중에서도 전두엽이라는 부분
이 담당하고 있는데, 이 전두엽은 사회적 상호작용의 결과로
발달했다(전두엽은 20대 초중반 시기, 사회적 관계가 본격적으로 시작
될 때 많이 발달한다).

뇌라는 기관을 가지고 있는 동물은 척추동물 문에 속하는
종류들, 즉 어류, 양서류, 파충류, 포유류, 조류뿐이다. 이들
중에서도 대뇌가 특히 발달한 동물은 포유류와 조류인데, 이
들이 어류와 양서류, 파충류 등과 다른 점은 다른 개체와의
접촉이 많다는 점이다. 포유류는 새끼를 임신하여 낳은 후
독립할 때가 될 때까지 어미가 품고 어루만지고 핥아서 키운
다. 조류의 경우에도 알을 낳긴 하지만 포유류와 유사한 방
식으로 새끼를 돌본다. 포유류나 조류는 성체가 된 이후에도
무리 생활을 하고 서열을 짓는 등 타 개체와의 상호작용이
많다.

전두엽은 대뇌 중에서도 인간에게만 두드러지게 발달한
영역인데, 인간의 전두엽은 같은 영장류이면서 무리 생활을
하는 침팬지나 고릴라에 비해 압도적으로 크게 발달되어 있
다. 무리 생활을 시작한 이후, 사회가 점점 복잡해지고 상호

작용의 수와 처리해야 할 일들이 기하급수적으로 늘어나면서 더더욱 발달했을 것으로 추정된다.

전두엽이라는 영역은 가장 최근에 진화한 영역이기도 하고 복잡한 사회적 행동을 담당하고 있기 때문에 뇌의 다른 영역들보다 비교적 늦게까지 발달한다. 어렸을 때 충동적이고 미숙하던 이들이 나이를 먹고 성숙해지는 까닭은 단순히 연령 때문이 아니라 전두엽이 발달했기 때문인데, 그간의 수많은 상호작용과 시행착오에서 이루어진다. 다시 말해, 다른 사람들과의 상호작용을 회피하고 갈등과 문제를 해결하는 훈련을 거치지 않으면 어린 시절의 미숙함은 성인이 되어서도 계속될 수도 있다는 뜻이다.

10대 후반의 청소년 그리고 20대 초반의 대학생들이 사회적 상호작용을 꺼리는 이유는 그것이 어렵다고 느껴지기 때문이다. 그래서 조별 과제는 대학생들이 가장 싫어하는 활동이며 전화를 받는 것도 꺼려 서로 문자로만 의사를 주고받는다. 음식을 주문하거나 물건을 살 때도 웬만하면 카드만 들이밀거나 아예 휴대폰 앱을 이용한다. 그러나 반드시 기억해야 할 사실은 전두엽은 훈련을 통해 발달한다는 사실이다.

물론 다른 사람들 사이에서 감정을 조절하고 갈등을 겪고 문제에 부딪치는 것이 쉬운 일은 아니다. 친구들 사이에서 다툼이 있거나 조별 과제를 같이 하는 조원들끼리 의견 충돌이 있으면 더욱 골치가 아프다. 그러나 골치가 아프다는 것은 전두엽이 활발하게 작용하고 있다는 증거이다.

우리는 조별 과제는 물론, 친구들과의 갈등이나 연인들 사이의 사랑싸움, 하다못해 식당에서 음식을 주문하는 일조차 전두엽을 위한 훈련으로 받아들일 필요가 있다. 당장에 귀찮고 창피하다고 다른 이들과 상호작용을 하지 않는다면 그 결과는 나중에 더 큰 대가로 돌아온다. 인간 사회는 나이가 들수록 다른 사람들과 함께해야 하는 일들이 중요해지고 또 많아지기 때문이다.

#대뇌 #전두엽 #계획 #감정조절 #상호작용 #훈련

13

좋은 인상을
남기는 법

누구나 다른 사람들에게 좋은 인상을 남기고 싶어 한다. 사회생활에서 누군가에게 좋게 기억된다는 것은 여러모로 이로운 일이기 때문이다. 그렇다면 좋은 인상을 주는 방법은 무엇일까? 매력적인 외모? 깔끔한 옷차림? 자신감 있는 태도? 여기에 대해서는 이미 수많은 사람들이 여러 방법을 제시했다.

지금 이 순간에도 많은 사람들이 외모를 관리하고 코디를 맞추고, 학원에서 자세 교정을 받거나 화술 수업을 듣는다. 하지만 좋은 인상이 형성되는 원리를 이해하는 것이 더 중요하다. 외모는 변하고 패션 트렌드도 바뀌지만, 인간 행동을 이해하면 어떤 상황에서든 응용이 가능하기 때문이다.

일단 인상 형성에 대한 이론은 '도식'(schema)과 관련이 있다. 도식은 일종의 설명서로 이해할 수 있다. 인간이 도식을 사용하는 이유는 뭐니뭐니해도 시간과 노력을 절약할 수 있기 때문이다. 사람들은 날마다 마주치는 수많은 타인들을 판단하고 그들과 어떤 방식으로 상호작용해야 할지 결정하기 위해 '인상'이라는 것을 남긴다.

인상 형성의 핵심은 '정서'에 있다. 누군가를 보고 어떤 느낌을 받느냐가 그 사람의 인상을 결정한다. 예를 들어, 어떤 사람을 보고 호감을 느꼈다면 그 사람과는 신뢰를 쌓고 좋은 상호작용을 기대할 수 있다는 뜻이고, 어떤 사람을 보고 기분이 나빴다면 그 사람과의 관계에서는 좋은 일을 기대하기 어렵다는 의미이다. 아무리 외모가 매력적이고 옷차림이 좋아도 상대방으로부터 나쁜 기분을 느끼게 되면 좋은 인상으로 남을 수 없다.

정서와 대상에 대한 인상을 설명하는 이론은 '태도 이론'이다. 태도 이론은 태도가 어떻게 형성되고 변화하느냐에 관한 이론이다. '태도'(attitude)란 어떤 대상에 대해 준비된 자세를 의미하는데, 이 자세는 인지, 정서, 행동의 3요소로 이루어져 있다. 대상에 대한 내용(인지)과 감정(정서) 그리고 어떠한 행동을 할지의 여부다. 중요하게 볼 부분은 대상에 대한 인지, 정서, 행동은 일관적이라는 점이다. 쉬운 예를 들자면, 어떤 상품에 대해 긍정적인 내용을 알고 있고(인지), 긍정적인 기분이 든다면(정서), 그 상품을 살 가능성이 높다(행동). 사람에 대한 태도도 마찬가지다. 누군가에 대해 긍정적인 정보를 갖고 있고 기분이 괜찮다면 그와는 긍정적인 관계로 이어질 수 있다. 요약하자면, 인상 형성에서 상대방에게 좋은 느낌을 주는 것이 중요하다는 뜻이다. 내가 얼마나 똑똑하고 유능하고 장점이 많은가는 중요하지만 쉽게 전달할 방법이 없다. 만난 지 얼마 안 되는 사람이 자기 정보를 줄줄이 늘어놓는 걸 듣는 것만큼 지루하고 비호감인 것도 없다. 이는 상대방에게 부정적인 정서를 유발하고 부정적인 태도(인상)를 형성한다.

심지어 한 번 형성된 인상은 좀처럼 바뀌지도 않는다. 내가 옳다고 믿는 정보만 받아들이려는 '확증편향' 때문이다. 그래서 첫인상을 바꾸려면 몇 배의 시간과 노력이 필요하다.

그러니 인상 형성에서 정서가 얼마나 중요한지 말 안해도 알수 있다. 물론 좋은 사람이라는 평가를 받는데 필요한 능력을 갖추는 것은 반드시 필요하다. 높은 학점을 받고, 자격증을 따고, 스펙을 쌓고, 매력적인 외모를 가꾸고, 좋은 옷을 입고, 값비싼 소품을 사는 사람도 많다. 그러나 상대방이 좋은 기분을 갖도록 하는 법을 알고 이를 활용하는 사람은 드물다. 가장 대표적인 방법이 칭찬과 유머다.

기분을 좋게 만들라는 게 상대방의 비위를 맞추고 아부를 하라는 것이 아니다. 입에 발린 아첨은 금방 들통 나기 마련이다. 자기 계발을 하고 역량 개발을 하는데 들이는 노력이 8이라면, 주위 사람들에게 좋은 기분을 전해줄 수 있는 능력을 키우는 데도 2 정도의 노력은 들이자. 그 효과는 곧, 금방, 직접 확인할 수 있다.

#인상형성 #태도의3요소 #인지정서행동 #정서의중요성 #태도의일관성

한민의 심리학의 쓸모

14

생각의 폭을
넓히는 법

살다 보면 자기 생각에 빠지기 쉽다. 우리는 내 생각만 옳고 다른 이들은 틀렸다는 믿음으로 세상을 판단하고 남들을 재단하기도 한다. 그러나 내 생각이 항상 옳을 수는 없다. 그리고 내가 옳다고 해서 다른 이들까지 옳지 말라는 법도 없다. '옳음'은 상대적이다. 내게는 옳은 것이 다른 사람에게는 옳지 않을 수도 있고, 오늘 옳은 것이 내일은 틀릴 수도 있으며, 예전에는 맞았던 것이 오늘은 맞지 않을 수도 있다.

세상은 보기 나름이라는 이 자명한 원리를 알려주는 심리학의 분야는 '지각심리학'(시각, 청각, 후각, 미각, 촉각의 감각이 어떻게 뇌로 수용되는지 연구하는 학문)이다. 지각은 외부 세계의 정보를 받아들여 해석하는 과정으로, 외부의 자극을 감각 기관을 통해 받아들이는 인간 심리의 최소 단위다. 지각으로부터 마음이 시작되며 인간은 지각된 내용을 바탕으로 사고하고 행동한다.

외부 자극을 받아들이는 생물학적 과정인 감각도 저마다 다르다. 이는 감각 기관의 능력에 따라 지각할 수 있는 자극의 범위가 결정되기 때문이다. 인간의 눈이 느낄 수 있는 빛의 파장은 390에서 760nm이며 인간의 귀가 들을 수 있는 소리의 주파수는 20~20,000Hz이다. 인간은 가시광선 바깥의 빛을 볼 수 없으며 가청주파수를 넘어서는 소리는 들을 수 없다. 가시광선과 가청주파수의 범위는 동물마다 다른데, 벌과 뱀은 적외선 영역을 볼 수 있고 박쥐와 돌고래는 초음파를 내고 또 들을 수 있다. 개와 고양이는 노랗고 빨간 계열 색깔을 보지 못하고, 사자는 아예 색깔을 구분하지 못한다. 파란 하늘과 푸른 풀밭, 빨갛고 노란 꽃들은 오직 인간의 시각에서만 그렇게 보일 뿐이다.

같은 종인 인간들끼리도 감각 능력의 차이가 존재한다. 색채 지각에 문제가 있는 사람이 보는 세상은 그렇지 않은 이들이 보는 세상보다 훨씬 덜 선명할 것이고, 청각 장애인들의 세상은 그렇지 않은 이들의 세상에 비해 훨씬 더 적막할 것이다. 특정한 색깔과 소리, 냄새나 맛에 민감하거나 둔감한 사람들의 경험은 그렇지 않은 사람들의 경험과 생물학적 수준에서 다르다.

환경 역시 지각에 영향을 미친다. 극지방에 사는 에스키모들은 눈 색깔을 표현하는 다양한 단어들을 갖고 있다(흰색을 뜻하는 단어만 10가지가 넘는다고 한다). 눈의 미묘한 색깔 차이가 그들의 생존에 중요한 의미를 갖기 때문이다. 중동 사막 지역에 사는 베두인 족은 목마름의 단계를 8단계로 구분하며, 아마존 열대우림의 한 부족에서는 크기 항등성(멀리 떨어진 물체가 작아 보이는 것은 크기가 작아진 것이 아니라 거리 때문이라는 것을 아는 능력)이 나타나지 않는다.

본격적인 지각의 영역으로 오면 개인차는 더 커진다. 지각은 개개인의 주의와 관심사, 배경지식, 동기와 정서 등에 따라 달라질 수 있다. 같은 시간, 같은 장소에서 같은 것을 경험했음에도 사람들의 기억이 모두 다른 것은 이 때문이다. 이러한 경험에서의 개인차를 '주관성'(subjectivity)이라고 한다. 그래서 자신의 생각, 견해는 '주관적'(subjective)일 수밖에 없다.

다른 사람들의 생각이나 견해를 이해하기 위해서는 그들의 주관성을 이해해야 한다. 상대방의 입장이 되어 그의 눈으로 내 입장, 내 경험을 바라보는 것이다. 물론 상대방의 주관성은 그 사람의 개인적인 입장과 견해에서 비롯된 것일 터이니, 나도 상대방도 아닌 제3자의 입장에서 둘의 견해를 검토해 볼 필요가 있다. 이것이 '객관성'(objectivity)이다. 이러한 훈련은 내 시각, 내 관점 외에 다른 시각과 관점이 존재한다는 깨달음에서 가능하다.

나만의 원칙과 기준만 옳은 것이 아니라 다른 이들의 원칙과 기준이 존재하고 이 또한 옳을 수 있다는 생각을 '상대적 사고'라 한다. 페리, 크레이머 등의 심리학자들이 후형식적 사고의 특징으로 꼽고 있는 상대적 사고는 피아제(스위스의 철학자이자 자연과학자이며 발달심리학자로 어린이의 학습 단계를 연구한 인지발달이론으로 유명하다)의 인지발달 단계의 마지막 단계인 형식적 사고의 다음에 나타나는 성숙한 단계의 사고를 말한다(피아제의 인지발달 단계에 대해서는 뒤에서 다시 한 번 더 상세하게 다룬다).

추상적인 개념에 대해 이해하고 생각할 수 있는 형식적 사고를 넘어 그러한 원리나 개념의 상대성까지도 이해할 수 있는 상대적 사고의 능력은 내가 보는 세상이 전부가 아니라는 단순한 깨달음에서 시작된다.

#후형식적사고 #상대적사고 #감각과지각 #지각의주관성

15

나와 다른 사람을
이해하는 법

우리는 다른 사람들과 함께 산다. 이 사실을 깨닫는 것이 가장 먼저다. 기술이 아무리 발달하고 생활이 편리해져도 내 삶에는 누군가의 존재가 개입될 수밖에 없다. 나는 누군가의 자식이고 누군가의 친구며 누군가의 동료다. 먹고 살기 위해서 누군가와 관계를 맺어야 하고 내가 필요한 것들을 얻기 위해서는 누군가의 도움이 필요하다.

그러다 보면 오해가 발생하기도 하고 갈등을 겪기도 한다. 원하든 원하지 않든 타인에게 상처를 받기도 하고 주기도 한다. 그럴 때마다 관계를 끊고 고립을 택하는 것은 정신 건강에도, 생존에도 도움이 되지 않는다. 따라서 어쩔 수 없이 다른 사람들과 함께 살아가야 한다면 그들을 이해할 필요가 있다.

심리학에서 타인을 이해하는 방법을 가장 잘 알려주는 분야가 '문화심리학'이다. 문화심리학은 문화에 따른 인간 행동을 연구한다. 문화란 인간이 살아가는 환경에 적응하기 위해 만들어낸 유, 무형의 모든 것들을 말한다.

우리의 생각과 가치관, 행동은 문화의 틀 안에서 규정된다. 그러나 일상을 살아가는 사람들이 그 사실을 깨닫기 쉽지 않다. 따라서 나와 타인의 생각과 행동이 어디에서 비롯되는지를 꼼꼼히 따져보기 위해서는 그만한 노력과 훈련이 뒷받침되어야 한다. 문화심리학은 그러한 이해를 제공한다. 예를 들어보자. 결혼제도에서 우리나라는 일부일처제를 취하고 있다. 우리가 아는 대부분의 나라도 그렇다. 그러나 세상에는 일부다처제나 일처다부제를 가진 문화도 있다.

일부일처가 당연한 세상에서 한 남편이 여러 아내를 두는 일부다처제나 부인 한 명이 여러 남편과 사는 일처다부제는 대단히 낯설다. 낯선 정도가 아니라 우리는 그런 결혼 제도를 '잘못되었다'라고 판단한다. 한 사람의 남편과 한 사람의 아내가 살아야 하는데 그렇지 않은 관계는 도덕적으로도, 윤리적으로도 옳지 않다고 생각한다. 그러나 나와 다른 누군가가 잘못되었다는 생각은 위험하다. 일부다처제와 일처다부제는 각각의 문화권이 자신들의 환경과 삶의 조건에 적응하기 위해 그들만의 방법으로 채택한 제도라 할 수 있다.

현재도 일부다처제가 남아있는 곳은 대부분 유목문화 지역이다. 다른 세력과의 경계를 지어 줄 산맥이나 큰 강이 없는 초원에서 살아가는 유목민들은 자신들의 영역과 동물들을 지키기 위한 전쟁이 잦았다. 잦은 전쟁으로 죽은 전우들의 가족을 부양하고 전쟁을 할 인구를 유지하기 위한 것이 일부다처제였다. 전근대 시대에 결혼은 남녀의 사랑이라는 의미보다는 인구 유지와 타 세력과의 동맹을 위해 행해졌다. 삼국시대 고구려의 형사취수제(형이 죽으면 형의 아내를 동생이 맞이하는 제도) 역시 유목 민족들과의 싸움이 잦았던 고구려에서 같은 목적으로 행해졌던 결혼제도다.

일처다부제도 마찬가지다. 일처다부제가 행해지는 지역은 대개 고산지대인데, 고산지대는 농사를 지을 만한 땅도 동물을 먹일만한 풀도 없기 때문에 생산할 수 있는 양식이 한정적이다. 이는 그 지역에서 유지할 수 있는 인구도 제한된다는 뜻을 말한다. 따라서 아이를 낳을 수 있는 여성의 수가 적은 일처다부제가 인구를 적게 유지하는 방법이 된다.

아직도 일부다처와 일처다부제가 비윤리적이라 생각되는가? 세상은 옳고 그름, 참과 거짓, 선과 악으로 이루어져 있지 않다. 문화심리학은 상대방을 그들 입장에서 이해할 수 있는 방법을 알려준다.

문화심리학은 꼭 다른 나라, 다른 부족의 사람들을 이해할 때만 활용되는 것은 아니다. 우리 아버지와 어머니, 할아버지와 할머니, 남편과 아내, 그리고 자식 손자들을 이해할 때도 필요하다. 이때 가장 우선해야 하는 생각은 이 글 맨 앞에서 얘기한 것처럼 일단, 그들은 나와 다르다는 것을 인정하는 것부터다.

그들은 나와 다른 시대, 나와 다른 환경, 나와 다른 삶의 조건에서 살아온, 또 살아가고 있는 사람들이다. 당연히 나와는 생각과 행동이 다를 수밖에 없다. 가족이라고 당연히 이해할 수 있고 또 맞춰가야 한다는 생각은 도움이 되지 않는다. 내가 맞고 너는 틀렸다는 생각은 더 위험하다.

타인에 대한 이해는 아마존 오지 부족의 풍습을 이해하듯 시작되어야 한다.

#문화심리학 #문화상대주의 #타인이해 #가족을오지부족처럼

한민의 심리학의 쓸모

16

다른 사람과
원만하게 지내는 법

사회생활에서 가장 어려운 부분이 다른 사람들과 잘 지내는 일이다. 기질적으로 이것이 잘되는 분들도 있지만, 그렇지 않은 분들도 꽤 된다. 특히 사회에 막 발을 내딛는 20대 초중반의 청년들이 대인 관계에 어려움을 호소하는 경우가 많다.

대인 관계에 대한 부담감을 줄이고 조금이나마 기껍게 다른 사람을 대하는 방법은 다른 사람들과의 상호작용을 '훈련'이라고 생각하는 것이다. 스포츠 선수들이 대회를 위해 평소에 체력을 키우고 기량을 연마하듯이 만남과 헤어짐, 갈등 그리고 사람들 사이에서 일어나는 일들을 통해 사회적 기술을 갈고 닦는 것이다. 그러면 언젠가는 유용하게 쓰이는 날이 온다. 그러나 아무리 나를 위한 일이라도 해야 한다는 당위만으로는 훈련에 몰입하기가 어렵다. 그럴 때 쓸 수 있는 또 하나의 방법이 바로 '가면'을 쓰는 것이다. 가면이란 실제 내 얼굴이 아닌, 어떤 역할을 위한 가짜 얼굴이다. 가면을 쓰면 본래의 나는 가면 뒤에 있고 가면으로 드러나는 캐릭터가 내가 된다.

심리학에서 '성격'(Personality)이라는 단어는 그리스어로 가면을 뜻하는 '페르소나'(Persona)에서 왔다. 다시 말해, 가면처럼 다른 사람을 대할 때 반복적으로 나타나는 한 사람의 고유한 패턴이 성격이다. 물론 성격은 개개인의 기질과 살아온 환경에서 갖춰지는 부분이 크지만, '다른 사람을 대할 때 드러나는' 부분을 조금 확대해서 적극적으로 사용해보면 어떨까. 쉽게 말하자면, 대인 관계 맥락에서 나는 지금 연극을 하고 있다는 상상을 하라는 얘기다. 웃는 얼굴로 다른 사람에게 안부를 묻고, 냉철하게 갈등을 해결하면서도, 동료들과 살갑게 농담을 주고받는 나는, 내가 맡은 배역인 것이다.

사실, 인간 사회는 개개인의 역할들로 구성되어 있다. 사람들은 사회에 나가는 순간 자신에게 주어진 역할을 수행하

한민의 심리학의 쓸모

며 살아간다. 그 때문에 많은 경우에는 특정 상황에 기대되는 행동과 약속된 행위 양식들이 존재한다. 그래서 그러한 법칙들을 이해하는 것은 나의 사회적 역할 수행에 엄청난 이점이 된다.

한 사회에서 널리 통용되는 예절과 문화적 행위 양식은 오랜 시간 동안 갈고 다듬어져 그 효과가 입증된 사회적 기술이다. 그래서 예절과 습관, 문화 등에 스며들어 있는 사회적 기술만 잘 활용해도 사회성 좋다는 평과 함께 다른 이들의 호감을 살 수 있다. 간혹 기성세대에 대한 반발이나 젊은 혈기(?)로 예의와 관련된 사회적 행동들을 거부하는 이들이 있는데, 당장은 속이 시원하고 사회생활 초기에 본인의 캐릭터를 잡는 데 도움이 되겠지만 장기적으로는 손해가 될 수 있다. 세상에 예의 없는 사람을 좋게 평가해 주는 사회는 없기 때문이다.

그리고 꼭 잊지 말아야 할 사실은 가면에 가려진 자신의 진짜 얼굴을 빼앗겨서는 안된다는 점이다. 사회적 역할에 몰입하다보면 어느 것이 진짜 나인지 혼동할 때가 있다. 스탠포드 감옥실험으로 알려진 심리학자 필립 짐바르도의 유명한 실험은 인간이 자신의 개성(individuality)을 상실하면 어떠한 결과에 이르게 되는지를 충격적으로 보여준 바 있다. 이 실험은 실험 참여자들끼리 간수와 죄수의 역할을 각각 나누고 수행하는 것이었는데, 참가자들은 어느새 진짜 간수와 죄수가 되어 원래 자신의 개성으로는 하지 않았을 비인간적인 일까지 저지르는 모습을 보여주었다.

가면은 자신이 수행하는 사회적 역할일 뿐이다. 자신이 수행하는 역할이 많을수록 사람은 다양한 가면을 쓰게 된다. 하지만 내면의 본질적인 자아가 이들을 통합하지 못하면 분열이 일어난다. 그러면 내가 어떤 상황에서, 어떤 일을 왜 해야 하고, 어떻게 하는지 이해할 수 없는 상황이 생긴다. 그래서 능숙한 가면의 활용만큼이나 중요한 것은 자신을 이해하고 자아를 통합할 수 있는 능력이다.

#가면 #성격 #대인관계 #몰개성화 #자아분열 #자아통합

17

타인의 시선에서
자유롭게 사는 법

사람들은 자신의 행동을 제한하는 이유로 '타인의 시선'을 꼽는다. 나는 원래 이렇게 하고 싶지 않았지만, 다른 사람들이 무시할까 봐, 좋지 않은 눈으로 볼까 봐, 다른 이들이 원하는 대로 행동했다는 것이다. 그리고는 자신을 그렇게 만든 사회와 다른 사람들을 원망한다. 누구나 한 번쯤은 해 보았을 법한 이런 생각, 과연 정당화 될 수 있는 것일까?

한국은 너무나 눈치를 보게 하는 사회라는 어떤 사람의 이야기가 있다. 그는 외국에 나가보니 아무도 자기에게 관심이 없다고 했다. 그래서 난생처음으로 편안함을 느꼈다고 했다. 그리고 하루빨리 한국도 다른 사람 신경 안 쓰고 자유롭게 살 수 있는 나라가 되었으면 좋겠다는 감상을 덧붙였다. 그렇게 그분의 여행기는 마무리되었다.

이 사람은 왜 굳이 외국에까지 나가서도 남들이 자기에게 신경을 쓰는지 안 쓰는지를 챙기고 있을까? 여행지의 낯선 풍광, 새로운 음식과 문화, 보고 듣고 느낄 것이 얼마나 많은데, 오로지 남들이 자신을 어떻게 보는지 그것에만 신경을 쓰고 있다니, 참으로 '한국적인' 심리가 아닐 수 없다. 소리높여 한국 문화와 한국 사회를 비판했던 이분은 누구보다 한국 문화에서 벗어나지 못한 분이 아닐까?

문화는 사람들의 행동을 규정한다. 우리가 생각하는 내용, 느끼는 감정, 하게 되는 일들은 상당 부분 문화에서 비롯된다. 사회를 지배하는 가치관이나 행위의 기준 등도 문화에서 나온다. 사람들은 자신이 속한 문화의 가치와 기준에 따라 살려고 하고, 그것으로부터 자신과 다른 사람들의 행동을 평가한다. 하지만 이것이 문화가 정한 범위 내에서만 우리가 살아야 한다는 것을 뜻하는 것은 아니다.

게다가 그곳에서 느꼈다는 자유를 그 나라 사람들도 동일하게 느끼고 있을까? 그 사회 역시 사람들에게 무한한 자유와 기회를 제공하고 있을까? 그렇지 않을 가능성이 크다. 해외에 나갈 수 있는 이들이 많지 않고 인터넷 등의 매체가 없었던 시절에는 그렇게 믿었던 사람들도 있다(특히 해외 선진국의 국민들은 우리보다 훨씬 자유로울 것이라고 생각했다). 하지만 그것이 사실이 아니라는 것을 이제는 너무나 잘 알고 있다.

그럼에도 불구하고 왜 사람들은 자신의 삶을 살지 못하는 이유를 남 때문이라 생각하는 것일까? 사실, 다른 사람들의 시선 때문에 내가 무언가를 하지 못한다는 주장에는 내가 그것을 무척이나 하고 싶다는 욕망이 숨어 있다. 이는 '투사'(projection)라는 방어기제다. 자신의 욕구가 좌절될 때 그 이유를 밖에서 찾음(남 탓)으로써 자신을 보호하는 것이다.

사람들은 누군가가 자기 생각을 말하면 왜 남과 같지 않느냐고 타박을 놓고, 남과 다른 모습을 보이면 뒤에서 수군거리며 흉을 본다. 사실 남의 행동을 제 기준으로 평가하고 면전에서 타박을 주거나 뒤에서 수군거리는 사람들은 있다. 그러나 어느 시대, 어느 사회나 존재하기 마련인 그런 사람들 때문에 내 삶을 규정할 필요가 있을까?

먼저 알아야 할 사실은 남들은 내 삶에 그렇게 큰 관심이 없다는 것이다. 뭔가 내 생각을 말했을 때 사람들이 쳐다보는 이유는 '누군가 말을 하고 있기' 때문일 뿐이다. 그냥 주의가 끌린 것 뿐이다. 세상에는 남이 말하는 걸 다 듣고 그 내용이 자기 생각과 다르다고 굳이 딴죽을 걸거나 '이상한 눈빛'을 보낼 만큼 한가한 사람이 많지 않다.

물론 그런 사람들이 있을 수는 있다. 그러나 자신의 기준을 남에게 강요하며 남들의 인생을 함부로 평가하는 이들은 미성숙하고 잘못된 사람이다. 대개 자신의 인생마저도 제대로 살고 있지 못한 이들로 그런 이들의 평가에 흔들릴 아무런 이유가 없다.

중요한 것은 내 삶의 중심이다. 타인의 시선에 흔들린다는 사실은 나 스스로 내 인생의 중심을 잡지 못하고 있다는 의미다. 내가 있어야 할 곳과 내가 해야 할 일을 알고 있다면, 그게 노상 방뇨나 그에 준하는 일이 아니라면, 누가 거기가 아니라고 한들, 그 일이 아니라고 한들 신경 쓸 이유가 없다.

#눈치 #타인의시선 #타인은내삶에관심이없다 #내삶은내것

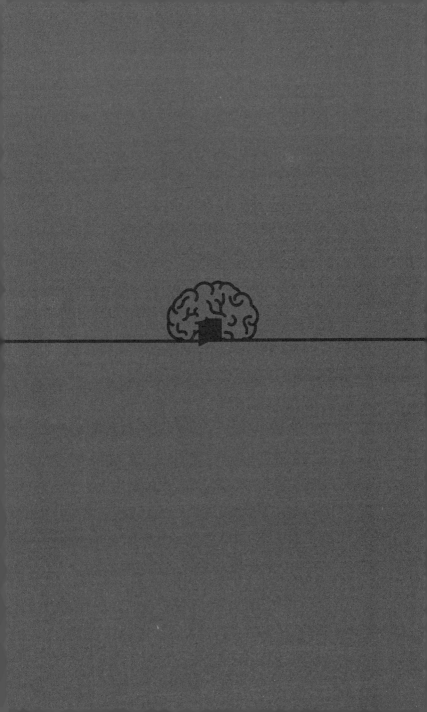

공동체 속에서

18

조별 과제
잘하는 법

조별 과제는 대학생들이 가장 하기 싫어하는 수업 방식으로 꼽힌다. 나만 잘하면 되는 개인 과제에 비해 신경 쓸 일이 많기 때문이다. 조원들을 만나야 하고 해야 할 일을 분배해야 하며 나눈 일들을 모으고 정리하는 일들을 몇 차례나 반복해야 한다. 수년 동안 대학수업을 해 왔지만 이 과정이 매끄럽게 돌아가는 법은 없다.

모두 한창 바쁠 때는 모임 잡기부터가 난항이다. 학과 행사, 어학원, 동아리, 연애, 가족 모임까지 일일이 피해 가며 날짜를 잡아도 당일에 안 나타나는 인간이 있기 마련이며, 지각은 기본이고 회의를 하면서도 핸드폰을 들여다보거나 정신이 딴 데 가 있는 조원들도 있다. 어렵고 힘든 일은 서로 안 맡으려고 하지, 어찌어찌 일을 나눠도 온갖 핑계와 이유가 난무하기에 결국에는 모든 일이 그나마 책임감 있는 한두 사람에게 몰리기 마련이다.

누군가 싫은 소리라도 할라치면 서로 얼굴 붉히게 될까 봐, 가뜩이나 부족한 에너지를 아끼고자, 불필요한 갈등을 회피하고자 그렇게 꾸역꾸역 해치우는 게 조별 과제다. 그러다 도저히 안 되겠으면 싸우기도 한다. 그래서 조별 과제 이후의 소감은 다음과 같은 말로 요약할 수 있다. "함께 해서 더러웠고 다시는 만나지 말자."

조별 과제가 이렇게 어려운 이유는 '사회적 태만' 때문이다. 링겔만 효과(집단의 크기가 증가하면 증가할수록 소속된 개개인의 생산성은 점점 감소하는 현상)로도 알려져 있는 이 현상은 집단 안에서 개인의 책임 소재가 불분명해지기 때문에 나타난다. 내가 무엇을 얼마만큼 하는지 남들이 알 수 없으니 프리라이더(무임승차자)가 등장하는 것이다. 따라서 조별 과제를 효과적으로 하기 위해서는 누가 무슨 일을 얼마만큼 해야 하는지를 명확하게 정하는 것이 중요하다. 이때 명확한 기준의 마련이 필요하다. 자료 조사를 하는 것이라면 수집하는 자료의 형식과 분량, ppt 제작이면 ppt의 포맷과 매수 등 확실한 기준을 정하고 그 기준을 맞출 것에 합의해야 한다.

조별 과제의 또 다른 단점은 보상 체계다. 대부분의 조별 과제는 한 조의 인원들이 같은 성적을 받게 되어 있다. 일을 많이 하던 적게 하던 같은 점수를 받는다. 그러면 당연히 적은 노력으로 많은 결과를 얻으려 하는 사람이 나타날 수밖에 없다. 이를 방지하기 위해서는 관리자의 개입이 어느 정도 요구된다. 이때 담당 교수가 참여율 또는 기여도에 따른 성적 산출의 기준을 제시하면 비교적 합리적인 성적 처리가 가능하다. 조원들의 투표로 기여가 큰 조원에게 가산점을 준다든가 지나치게 비협조적인 조원에게는 불이익을 주는 방법 등이다.

조별 과제를 잘하기 위한 또 하나의 방법은 내적 동기화다. 사람들은 보상이나 처벌 등 외부적 조건보다는 실력 향상이나 성장 같은 내적 동기로 움직이는 편을 선호한다. 조원들과의 골치 아픈 상호작용이 나의 사회성을 향상시키고 갈등 조절과 문제 해결 연습의 기회라 생각하면 훨씬 의미 있는 경험이 된다. 팀으로서의 정체성을 강조하여 남의 일이 아닌 내 일을 한다는 의미를 부여할 수도 있다. 공동의 목표를 추구하는 응집력이 높은 집단에서는 사회적 태만이 아닌 시너지 효과가 나타난다.

대학 시절의 조별 과제는 우리가 살면서 맞닥뜨려야 하는 수많은 사회적 과제의 시작에 불과하다. 인간은 사회적 존재이며 사회적 존재란 개체들 사이의 상호작용 속에서 서로의 이익을 조절하고 자신과 타인 그리고 공동체의 생존 가능성을 높여간다. 삶이란 가족과 친구, 직장관계에서부터 연애, 결혼과 육아, 직장생활, 사회적 연대에 이르기까지 갈등과 반복, 협상과 타협의 연속이다.

이러한 일들은 피한다고 피할 수 있는 것도 아니다. 피하면 피할수록 나는 고립되고 생존 가능성이 낮아진다. 그리고 내가 덜 귀찮은 만큼 나와 함께 하는 사람들의 부담과 스트레스는 더욱 커진다. 그러한 결과를 바라지 않는다면 당장 닥친 조별 과제부터 잘해나가자.

#조별과제 #사회적태만 #갈등관리 #보상 #내적동기

한민의 심리학의 쓸모

19

착각에 빠지지
않는 법

인간은 이성적이고 합리적인 존재다. 그러나 인간이 내리는 모든 판단은 외부에서 받아들인 정보에 기초한다. 만약 정보가 잘못되었거나 잘못 해석할 경우 인간의 이성은 제대로 된 결론에 이르지 못할 가능성이 크다. 일단 정보 자체가 잘못되었을 경우는 잠시 제쳐두고, 외부 정보를 잘못 받아들이는 경우에 대해 먼저 이야기해 보자.

외부 정보를 받아들이는 과정을 '지각'(perception)이라고 한다. 눈, 코, 귀, 혀, 피부 등 감각 기관의 감각 수용기로 들어온 자극이 뇌까지 전달되는 과정에 이어, 들어온 자극을 판별하여 '내가 보고 듣고 느낀 것이 무엇인지' 해석하는 과정이 지각이다. 이 과정에는 항상성의 원리가 적용된다. 지각에 있어서 '항상성'이란 내가 지각하는 세계를 항상 일정한 상태로 느끼게끔 해 주는 뇌의 보정 작용이다. 예를 들어, 사람의 얼굴빛은 시간대에 따른 태양의 기울기나 조명에 따라 달라진다. 그러나 우리는 어떤 조명 아래에서든지 친구의 얼굴빛이 일정하다고 지각한다.

한때 인터넷을 떠들썩하게 했던 '흰금-파검 논란'은 이 지각 항상성에서 비롯된 혼란이다(미국 매체 버즈피드가 '이 옷 색깔은 뭘까요?'라는 물음과 함께 게시한 사진을 두고서 '흰색 바탕에 금색 줄무늬이다(흰금)'와 '검은색 바탕에 파란색 줄무늬이다(파검)'로 나뉘어 논란이 일어났다). 실제로는 파란색과 검은색 줄무늬인 드레스는 앞쪽에 비치는 밝은 빛 때문에 누군가에게는 흰색 바탕에 금색 줄무늬가 있는 드레스처럼 보인다. 이처럼 보는 사람에 따라 다르게 보이는 이유는 바로 지각 항상성에 따른 뇌의 보정 작용 때문이다.

지각에 있어 또 하나의 특징은 사람들은 자신이 지각한 것들에서 어떤 패턴을 찾으려 한다는 것이다. 이를 지각의 조직화 또는 집단화라고 한다. 어떤 자극들이 무작위로 흩어져 있어도 사람들은 가까이 있는 것들끼리, 또는 유사한 모양끼리, 또는 어디선가 본 듯한 친숙한 모양을 만들어 그것들을 보려고 한다. 그 중 재미있는 것은 완결성의 원리인데, 내가 보는 장면에서 완결된 이미지를 찾으려는 이 경향성은 실제로 존재하지도 않는 어떤 이미지를 만들어 보게 하기도 한다. 유튜브에 나오는 유명한 귀신 경험담이나 사이비 교단의 교인들이 구름이나 연기 속에 교주의 얼굴이 있다고 주장하는 것 등이 완결성의 원리와 친숙성의 원리가 빚어낸 해프닝이다.

지각, 특히 시지각에 있어서 두드러지는 특징은 눈으로 보는 풍경은 2차원 화면으로 보인다는 점이다. 실제 우리가 살아가는 세상은 3D 입체 세상이기에 우리의 뇌는 시야에 들어온 2차원 자극들을 3차원 세계에 재배치하는 작업을 끊임없이 한다. 시야에 들어오는 물체의 모양이나 크기는 보는 각도나 거리에 따라서 계속 변하지만, 그 물체를 계속 일정한 모양과 크기로 느끼기 위해서다.

이러한 지각 경향성에 어긋나거나 반대되는 정보가 제시될 때 사람들은 '착시'를 경험한다. 예를 들어, 착시의 종류 중에 '폰조 착시'가 있다. 사다리꼴 형태로 기울어진 두 선분 사이에 같은 길이의 두 선분을 평행하게 놓는 것이다. 두 선분의 길이가 같음에도 불구하고 사람들은 위쪽의 선분이 아래쪽보다 더 길다고 지각한다.

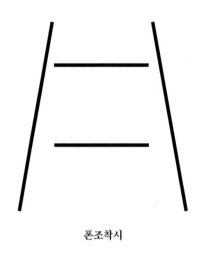

폰조착시

그 이유는 사다리꼴 형태로 기울어진 두 선분이 일종의 거리 정보 역할을 하기 때문이다. 그래서 넓은 쪽에서 좁아지는 두 선이 있다면 좁은 쪽이 더 멀게 느껴진다. 따라서 멀게 느껴짐에도 길이가 같다는 것은 그쪽의 선분이 더 길다는

(실제로는 길지 않지만) 보정 때문이다.

이처럼 인간의 지각은 많은 한계를 갖고 있다. 인간의 지각 능력과 지각 경향성은 세상을, 외부 세계에서 오는 정보들을 있는 그대로 해석하지 못하게 한다. 개인의 주의 수준이나 동기 그리고 태어나서 살아온 환경과 문화, 순간순간 상호작용하는 다른 사람들과의 관계도 지각에 영향을 미친다. 따라서 기억해야 할 사실은 나의 생각과 판단이 항상 옳을 수는 없다는 것이다. 생각과 판단의 근거가 되는 지각의 단계에서부터 수많은 편향과 왜곡이 발생할 수 있다는 사실을 잊어서는 안 된다.

#감각과지각 #지각항상성 #지각조직화 #지각의주관성 #착시

20

일관성 있는 견해를
유지하는 법

사람은 다수 의견에 따라가는 경향이 있다. 사회심리학의 '동조'(conformity)라는 개념이다. 이는 솔로몬 애쉬(폴란드계 미국인으로 게슈탈트 심리학 및 사회 심리학의 선구자)의 실험으로 널리 알려진 개념으로 집단의 압력 때문에 자신의 의견을 제대로 말하지 못하는 경향을 뜻한다.

그가 진행한 동조실험은 다음과 같은 절차로 진행된다. 먼저 실험참여자들은 종이에 그려진 선분의 길이를 보고 기억한 후, 다음에 제시되는 세 개의 선분 중에서 같은 길이의 선분을 고르도록 지시받는다. 제시되는 세 선분의 길이에는 확연한 차이가 있어서 시력에 문제가 있는 사람이 아니면 거의 틀릴 수 없는 그런 과제다. 그런데 실험에는 트릭이 숨어 있다. 실험참여자 중 진짜는 한 사람이고 나머지는 연구자와 미리 짜고 틀린 대답을 하도록 약속한 가짜다. 그리고 진짜는 가짜 실험참여자들이 모두 답을 한 다음에 마지막으로 답하도록 순서를 정한다. 그러면서 가짜 참여자들이 하는 틀린 답을 보면서 진짜 실험 참여자가 동조 압력을 어떻게 느끼는지, 진짜 자신이 생각하는 것과 다른 대답을 하는지 연구하는 실험이다.

인간은 사회적 존재다. 애초에 인간이 무리 생활을 시작하게 된 이유가 생존 때문이고, 수백만 년의 시간이 흐르면서 그 효과는 유전자에 새겨졌다. 의식적이건 무의식적이건 집단에 속해 있는 편이 유리하다는 인식은 모든 사회에서 보편적으로 발견된다. 그러나 모든 동조가 정당화될 수 있는 건 아니다. 집단의 결정이 항상 옳을 수는 없고 오히려 집단의 안위가 사회 전체에 해악을 끼치게 될 때도 있다. 그리고 집단에 동조하지 않은 소수에게 가해지는 차별과 혐오의 문제도 간과할 수 없다. 때에 따라서는 소수 의견에 따르는 것이 개개인의 생존과 집단의 유지에 긍정적인 역할을 하기도 한다.

　인간 사회에는 집단의 압력에 동조하지 않는 이들도 일정 비율 존재한다. 세계 여러 나라에서 반복 연구된 동조실험의 결과에 따르면 열 명 중 두세 명은 앞사람 대답과 관계없이 자기 생각을 고수했다. 하지만 사람들이 늘 자신의 견해와 생각을 유지할 수 있는 것은 아니다. 인지부조화이론에 따르면 특정 사안에 대한 나만의 견해가 있더라도 어떠한 이유에서건 기존 견해와 반대되는 행동을 하고 나면 생각이 바뀌게 된다. 특히 집단의 동조압력은 내 생각과는 다른 행동을 하게끔 하는 대표적인 경우다.

　예를 들어보자. 어떤 학생이 뉴진스를 좋아한다. 그런데 이 학생이 속한 그룹은 아이브 팬클럽이다. 이 학생은 개인적으로 뉴진스를 좋아하지만 친구들 무리에 끼고 싶어서 겉으로는 아이브 팬을 자처한다. 이런 경우, 불편한 감정이 든다. 기존의 태도와 다른 행동을 했기 때문에 인지부조화가 발생한 것이다. 사람들은 이런 불편한 느낌을 견디기 어려워하고 이를 해결하기 위해 기왕에 해버린 행동(난 아이브 팬이야)에 맞춰 기존의 태도를 수정한다. 이러면서 자연스럽게 생각도 바뀌게 된다(난 사실 뉴진스 별로야). 집단 의견에 동조하는 것으로 기존의 태도가 바뀌는 메커니즘이다.

이러한 경향은 특히 자신의 기존 태도가 명확하지 않거나 태도 유지의 동기보다 집단에 대한 소속 동기가 더 클 때 쉽게 나타난다. 자신만의 정체성을 구축하는 과정에 있는 청소년들이나 자신의 개인적 정체성보다 자신이 속한 집단을 우선하는 이들에게 집단에 대한 동조와 동조로 인한 태도 변화가 많이 나타나는 이유다.

자신만의 견해를 일관적으로 유지한다는 것은 확고한 자기 정체성에서 출발한다. 나는 어떤 사람이고, 어떤 가치를 추구하며 살아가는지, 중심이 바로 서 있다면 집단의 압력에 따라 자신의 생각이 휙휙 바뀔 일은 없을 것이다.

#동조 #태도변화 #인지부조화 #차별과폭력을정당화 #자기정체성

21

상황에 휘둘리지 않고
판단하는 법

몇몇 심리학 실험중에는 유튜브에서 흔히 볼 수 있는 '인류 역사상 다시는 되풀이되어서는 안 되는 악명 높은 실험 탑 10' 같은 데 들어가는 것들이 있다(미국 정부의 매독 실험, 일본군 731부대의 인체 실험, 요제프 맹겔레의 생체 실험 등과 함께 심리학에서는 밀그램의 권위에의 복종, 짐바르도의 감옥 실험, 할로우의 애착 실험 등이 여기에 속한다. 공신력 있는 기관에서 선정한 것은 아니다).

스탠리 밀그램(미국의 사회심리학자로 2차대전 당시 발생한 비인간적인 행위들을 설명하기 위해 '복종'이라는 개념을 연구하였다)의 권위에의 복종 실험이 대표적이다. 밀그램은 지원자들을 선발하여 선생과 학생 역할을 맡겼다. 학생에게는 길지 않은 시간 동안 어려운 단어들을 외우게 한 뒤 선생으로 하여금 학생을 테스트하게 했고, 선생은 학생이 답을 틀리게 말할 때마다 전기 충격을 주도록 했다. 연구자들은 선생 역할을 맡은 참가자들이 자신의 도덕성에 따라 학생들에게 지나친 전기 충격은 주지 않을 것이라 예상했다. 하지만 결과는 그렇지 않았다. 참가자 전원이 300V까지 전압을 올렸고, 위험 표시가 되어 있는 450V까지 전기 충격을 가한 이들이 전체 참가자의 65%에 달했다.

밀그램의 이 실험은 사회적 상황, 특히 권위자의 존재가 도덕성 같은 개인의 일관성을 얼마나 쉽게 버리게 하는지를 적나라하게 보여준다. 마치 전쟁에서 민간인을 학살하는 끔찍한 범죄를 저지른 이들 역시도 단지 명령해 복종했을 뿐인 평범한 이웃인것처럼 말이다.

'악의 평범성'에 대한 실험으로 스탠퍼드 대학의 필립 짐바르도 교수의 감옥 실험도 빼놓을 수 없는 악명 높은 실험이다(짐바르도는 미국의 사회심리학자로 인간이 잔인해지는 이유로 개인의 개성이 사라지는 몰개성화 개념을 제안했다). 짐바르도는 심리학부 건물의 지하에 감옥 세트를 만들고 지역신문을 통해 실험 지원자를 모집했다. 간수와 죄수 역할은 동전 던지기를 통해 무작위로 결정했고, 각각 간수복과 죄수복을 착용하고 감옥 세트에서 생활하도록 했다.

실험은 첫날부터 심상치 않은 조짐을 보였다. 실험 참여자 각자는 자신이 맡은 역할에 몰입하면서 간수 역할을 맡은 사람의 경우 점점 더 잔인하고 가학적이 되어갔으며, 죄수들은 공포를 느끼고 살아남기 위해 간수에게 복종해야만 했다. 결국 한 죄수는 36시간 만에 신경 발작 반응까지 보였다. 문제가 심각해지자 연구자들은 2주로 예정된 실험을 6일 만에 중단하고 말았다.

밀그램이 권위에 복종하는 인간의 취약성을 보여주었다면 짐바르도는 사회적 역할이 개인의 '개성'(individuality)을 빼앗을 수 있다는 사실을 조명했다. 이른바 '몰개성화'(deindividuation)라는 현상이다. 짐바르도는 대부분의 피험자들이 주어진 역할을 수행하면서 진정한 '죄수'나 '교도관'이 되고 말았으며, 역할 수행(role-playing)과 자기(self)를 더이상 분명히 구분할 수가 없게 되었다고 말했다.

이러한 현상이 나타나는 이유는 인류 역사에 기인한다.

인간들은 생존 가능성을 높이기 위해 집단 생활을 선택했고, 집단의 효율적인 운용을 위해 조직과 역할을 나누어 수행해 왔다. 이 과정에서 권위자의 명령에 복종하고 부여받은 역할에 충실할수록 생존에 이롭다는 사실과 그러기 위해서는 개인적인 생각이나 행동은 도움이 되지 않는다는 사실이 유전자 레벨에서 새겨졌다.

그러나 지난 역사가 증명하듯 권위에 복종하고 주어진 역할을 수행하는 것이 언제나 정당화될 수는 없다. 물론 조직의 지시에 따르고 자신의 역할을 다하는 것은 사회 구성원으로서의 책무다. 하지만 인간의 역사에는 무비판적으로 위의 명령을 따르고 자신의 역할에 충실했던 이들에 의해 초래된 위기 또한 적지 않았다.

사회적 역할과 개인적 양심이 충돌할 때 우리는 어떤 쪽을 선택해야 할까. 그리고 그런 선택권을 가지고 있기는 한 걸까? 밀그램의 실험에서 선생 역할을 맡은 참가자들은 잠시 고민했지만 결국 명령을 따르기로 했다. 짐바르도의 실험에서 일부 참가자들의 고뇌는 간수들의 권력과 동조 행동에 묻히고 말았다.

실험의 결과는 부정적이지만, 역사에서는 부당한 명령을 거부하고 자신이 수행해야 하는 역할에 자기(self)를 잃지 않는 이들이 꾸준히 있어 왔다. 그들이 어떻게 그럴 수 있었는지, 내가 그 입장이라면 똑같이 그같은 선택을 할 수 있었을지는 알 수 없다. 하지만 인간이 과거에 비해 조금씩 나아져 왔다면 결정적인 순간에 자신만의 결정을 내렸던 그들 때문일 것이다.

#밀그램 #복종실험 #권위 #짐바르도 #감옥실험 #몰개성화

22

프레임에
휘둘리지 않는 법

'프레임'은 말 그대로 틀, 액자 같은 것을 말한다. 어떤 사건이나 사안을 볼 때 어떤 틀로 보느냐에 따라 그 의미는 확연히 달라질 수 있다.

다음의 예를 보자. 인구 600명의 마을에 치명적인 전염병이 발생했다. 여러분은 방역 담당자로서 가장 많은 사람을 살릴 수 있는 방역 프로그램을 선택해야 한다. 사람들을 살릴 수 있는 가능성에 따라 A/B 선택이 있고, C/D 선택이 있다. 프로그램 A를 선택하면 600명 중 200명을 살릴 수 있다. 프로그램 B를 선택하면 600명 모두를 살릴 확률이 1/3, 모두 죽을 확률은 2/3다. 이때 상당수의 사람들(72%)은 프로그램

A를 선택했다. 프로그램 C는 600명 중 400명이 죽는다. 프로그램 D를 선택하면 아무도 죽지 않을 확률이 1/3, 모두 죽을 확률은 2/3다. 이 경우에는 더 많은 사람들(78%)이 프로그램 D를 선택했다.

사실 프로그램 A와 B, C와 D에서 살아남는 마을 사람은 200명으로 모두 같다. 사람들은 같은 정보임에도 그 정보가 제시되는 방법에 따라 다른 판단을 했다. 확정된 이익(200명을 살릴 수 있다)이 있을 때 사람들은 불확실한 이익(모두 살릴 확률이 1/3이지만 모두 죽을 확률도 2/3나 되는)을 회피하려 했고, 확정된 손해가 있을 때는 확정된 손해(400명이 사망)보다는 높지 않지만 더 많은 사람을 살릴 수 있는 방안을 선택했다.

미국의 심리학자이자 경제학자인 대니얼 카너먼은 이 연구로 노벨 경제학상을 받았다. 사람들이 합리적인 이유로 행동한다고 믿고 있던 당시의 학계에, 같은 의미의 정보라 하더라도 어떤 방식으로 제시되느냐에 따라 결과는 달라질 수 있다는 사실을 보여준 사례였다.

예를 하나 더 들어보자. 남북통일을 반대하는 여론이 갈수록 높아지고 있다. 통일이 되면 북한지역의 개발이나 북한

주민들을 위해 많은 세금이 들어갈 것이라는 전망(손해의 틀) 때문이다. 그러나 통일 이후 활용할 수 있는 북한의 자원이라든가(이익의 틀), 통일이 되지 않으면 중국이 북한을 흡수할 것이라는 예측(더 큰 손해)을 생각한다면 그래도 통일을 하는 것이 이익이라는 생각을 하게 된다.

카너먼의 예와 방금 든 통일의 예는 이익과 손해라는 프레임을 사용했지만 세상에는 수없이 많은 프레임이 존재한다. 그리고 프레임은 우리가 세상을 보는 방식을 바꾼다.

층간 소음 문제가 있다. 날로 심해지는 층간 소음 갈등을 해결하기 위해서는 함께 사는 이웃끼리 조금씩 더 배려하는 방법이 있을 수 있다. 하지만 층간 소음은 건설사가 공사비를 아끼기 위해 바닥 두께를 얇게 하고 방음에 등한시한 측면을 배제할 수 없으므로, 이 관점에서 보면 층간 소음을 줄이기 위해서는 건설 공법의 개발이나 층간 소음 갈등에 건설사의 책임을 묻는 식의 해결 방법을 찾아야 한다. 이처럼 문제를 보는 방식에 따라 전혀 다른 해결책이 나온다.

세상 일에는 여러 측면이 있기 때문에, 또 사람들은 세상을 보는 저마다의 관점을 가지고 있기 때문에 우선적으로 요구되는 일은 사람들마다 의견이 갈리는 사안의 다른 측면을 고려하는 것이다. 내 입장과는 다르고 관심사가 아니어서 생각해보지 않았던 부분을 보게 되면 그 사안에 대한 생각도 달라질 수 있다. 또한 어떠한 의도를 가지고 프레임을 조작하여 자신들이 원하는 결론을 유도하려는 이들도 있다. 이런 일이 개인적으로 일어나면 '가스라이팅', 집단적으로 일어나면 '여론 조작'이다. 세상에는 서로의 이익이 복잡하게 얽힌 수많은 집단이 있으며, 자신들의 이익을 최대화하기 위해 정보를 가공하고 여론을 호도한 사례는 수없이 많다.

정보를 손에 쥐고 자신의 뜻대로 프레이밍하는 이들에게 휘둘리지 않으려면 세상에 대한 자신만의 관점과 세상 일에 대한 나의 철학을 분명히 갖고 있어야 한다. 결국, 답은 자기다. 나답게 나로서 살아가는 길은 뚜렷한 자기와 자기에 대한 확신에서 출발한다.

#프레임 #전망이론 #대니얼카너먼 #언론 #여론 #자기확신

23

고정 관념과
편견을 극복하는 법

우리 사회에는 다양한 고정 관념이 있다. 남자는 어떻다, 여자는 어떻다, 어느 지역 출신은 이렇다더라, 어느 학교 출신은 어떻다더라. 이러한 고정 관념은 한국 사회만의 문제는 아니다. 사람이 사는 곳이라면 어디나 고정 관념이 있다. 왜냐하면 고정 관념을 사용하는 편이 시간과 노력을 절약할 수 있기 때문이다.

고정 관념은 인간이 세상을 효율적으로 이해하기 위해 도식을 사용한다는 점, 인간은 자신의 생각(도식)을 옳다고 믿는 정보는 받아들이고 그렇지 않은 정보는 걸러낸다는 점(확증편향), 그 결과 세상이 자신의 기대대로 움직인다고 믿게 되는 점(자기실현적 예언)에 의해 발생하고 굳어진다.

편견은 고정 관념에 정서가 덧붙은 것으로 어떤 나라 사람은 어떻다더라는 인지적 내용에 '그래서 좋다/싫다'는 느낌이 추가된 것이다. 고정 관념이 다른 사람이나 집단을 이해하는 데 방해가 된다면, 편견은 그들에 대한 혐오와 차별을 가능하게 한다는 점에서 해롭다.

우리 모두가 힘을 합쳐 고정 관념과 편견 없는 사회를 만들어 가야겠지만 그 과정은 멀고 험하다. 그리고 나는 편견 없이 산다고 생각하지만 때로는 나 자신이 그러한 고정 관념과 편견의 대상이 될 수 있다. 다른 사람들에게는 나 역시 어떤 집단의 일원으로 분류되기 때문이다. 그럴 때 우리는 그런 고정 관념과 편견을 가진 사람 탓을 하게 된다. 또는 사람들이 그런 고정 관념과 편견을 갖게 한 사회 탓을 한다.

특정 집단을 향한 고정 관념과 편견은 일차적으로 그것을 가진 사람의 잘못이 맞다. 또한 같은 관점에서 사회 탓도 맞다. 다른 이들이 가진 고정 관념과 편견 때문에 나의 목표가 좌절되었다고 생각하면 억울하고 화가 나는 것도 맞다. 그러나 그 지점에서 멈출 수는 없다. 내가 여자/남자라고, 특정 지

한민의 심리학의 쓸모

역 출신이라고, 특정 학교 출신이라고 뭔가를 못할 거라고 생각하는 사람들은 있을 수 있다. 그러한 고정 관념과 편견 때문에 화가 나고 슬플 수도 있다. 그러나 그들의 믿음을 증명해 줄 수는 없지 않겠는가. 내가 거기서 멈춘다면 나와 내가 속한 집단에 대한 고정 관념과 편견은 더욱 공고해질 뿐이다.

다른 사람들이 바뀌기만을 기다리고 있을 수는 없다. 나를 향한 고정 관념과 편견을 줄일 수 있는 방법들을 알아보자.

맨 먼저, 고정 관념과 편견에 반하는 사례를 늘리는 것이다. 예를 들어, 당신이 졸업한 대학교 출신은 일을 잘 못한다는 편견이 있다고 하자. 당신이 할 일은 그러한 고정 관념과 편견에 해당되는 모습을 보여주지 않는 것이다. 더 열심히 일하고 더 성실한 모습을 보여준다면 사람들은 자신의 생각이 잘못되었다고 느끼고 그것을 수정할 것이다. 물론 사람들의 고정 관념은 쉽게 바뀌지 않는다. 열 번 잘 하다가도 한 번 잘못하면 대번 "그것봐, 그럴 줄 알았어" 이렇게 말한다. 억울하지만 다른 길이 없다. 계속해서 좋은 모습을 보여주는 수밖에 없다. 그러면 사람들의 시선도 변해 갈 것이다.

또 하나의 방법은 나에 대한 고정 관념과 편견을 가진 사람들을 피하지 않는 것이다. 나를 좋아하지 않는 이들과 가깝게 지내기는 어려운 일이다. 그러나 그렇다고 피하기만 한다면 고정 관념과 편견을 없앨 기회도 사라진다. 굳이 일부러 나를 싫어하는 사람들 틈에 들어가 잘 보이려고 노력할 필요는 없지만, 그들과 함께 할 일이 있다면 적극적으로 참여하도록 해야 한다. 단순 접촉만으로도 편견이 감소한다는 연구결과들도 있다.

그리고 더 적극적으로 상호작용하는 방법도 있다. 상대 집단을 향한 고정 관념과 편견은 두 집단의 구성원들이 같은 목표를 갖고 협동할 때 상당 부분 해소된다. 협동이 필요한 과제나 활동을 만들어 기회 있을 때마다 함께 한다면 접촉의 빈도가 늘어 서로에 대한 이해도 높아질 것이고, 고정 관념이나 편견에 반하는 사례도 많이 목격될 것이다.

#고정 관념 #편견 #할수있는일을하기 #도식 #확증편향
#자기실현적예언

24

혐오에 빠지지
않는 법

세계가 혐오로 가득 찬 것 같다. 타 국적, 타 종교, 타 인종에 대한 증오 범죄의 소식이 날마다 매체를 장식한다. 다른 나라는 물론이고 우리나라도 마찬가지다. 성 소수자나 특정 국적을 가진 이들을 향한 혐오에서부터 세대, 계층, 성별 등 상상할 수 있는 모든 대상에 대한 분노와 혐오가 일상적으로 나타나고 있다.

우리 주위에 가득한 혐오는 'OO충'이라는 말에서 확연히 드러난다. 정서를 적응에 따르는 생물학적 반응으로 보는 입장에 따르면, 혐오는 썩은 음식을 먹었을 때 혹은 감염된 상처나 독충 등을 보았을 때 느껴지는 거부의 반응에 가깝다.

혐오는 두려움, 슬픔, 행복, 등의 기본 정서 중 인간의 삶에 가장 큰 영향을 미치는 종류의 감정이다.

혐오가 강렬한 이유는 혐오를 불러일으키는 대상이 나와 내가 속한 집단의 생존에 위협이 되기 때문이다. 이러한 관점에서 법철학자 윌리엄 밀러는 혐오의 핵심적 관념을 전염에 대한 생각이라 보았다. 역겨운 물질이 내 몸에 들어와서 나쁜 결과를 일으킬지 모른다는 두려움이 혐오의 밑바탕이라는 것이다. 이 때문에 혐오는 인간 사회에서 일정 정도의 순기능을 해 온 측면이 있다. 우리가 도덕과 윤리에 어긋난 짓을 한 이들에게 보이는 감정이 그것이다. 결과적으로 혐오는 집단의 건전성을 해치는 요소들을 제거하는 데 효과적이었던 것은 물론이고, 집단 내의 연대감을 높이는데도 유용한 역할을 해왔다.

그러나 혐오의 역기능 역시 역사적으로 충분히 확인된다. 우리는 위기를 맞았을 때 타 집단을 혐오함으로써 불안을 낮추고 집단 정체성을 강화했다. 2차 대전 당시 독일의 유대인 학살이나 관동 대지진 당시 일본인들의 조선인 학살이 대표적인 예이다. 최근 전 세계적으로 혐오가 두드러지는 이유

역시도 우리를 둘러싼 환경이 그만큼 위협적임을 내포하고 있다.

세상이 위기이고 내가 불안하다고 해서 다른 이들에게 혐오를 드러내는 것이 바람직할까? 당연히 그렇지 않다. 세상의 위기가 이들로부터 기인된 것도 아니다. 내가 취업이 안 되고, 기업들이 사람을 적게 뽑고, 경기 침체나 환경 위기 등이 일어나는 이유가 어떤 인종 집단이나 특정 세대, 특정 성별에 있다고 믿는 것은 크게 잘못된 생각이다.

혐오는 대개 잘못된 귀인에서 비롯된다. '귀인'(歸因)이란 원인을 돌린다는 뜻이다. 귀인이 사회심리학에서 중요한 이유는 귀인에 따라 그다음에 이어질 행동이 크게 달라지기 때문이다. 내가 겪는 어려움이 '저들' 때문이라 귀인하게 되면 목표는 '저들'을 응징하는 것이 되기 마련이다. '저들'을 응징하기 위해 내가 하는 모든 행동은 정당화되며, '저들'과 대립하는 '우리들'에 대한 정체감은 위기 상황에서의 소속감과 안정감을 제공한다. 위기에 처하게 될수록 사람들이 혐오에 빠지게 되는 이유다. 이 모든 과정이 잘못된 귀인으로부터 시작된다.

혐오의 연쇄에서 벗어나려면 귀인 단계에서부터의 주의가 필요하다. 자신의 삶을 변화시킬 수 있는 요인들에 대한 이해와 사회 및 세계에 대한 이해도 중요하다. 이처럼 귀인이 달라지면 해법도 달라진다. 내 삶이 어려운 것이 내 능력 부족 때문이라면 노력을 할 터이고, 잘못된 사회 구조 때문이라면 사회 변화를 위한 일에 힘을 쓸 것이다.

우리가 누군가를 혐오하지 말아야 하는 이유는 혐오로부터는 그 어떤 긍정적인 결과도 도출해낼 수 없기 때문이다. 혐오의 목적은 상대를 절멸시키거나 최소한 격리시켜 나에게 해를 끼치지 못하게 하는 데 있다. 혐오는 상대를 함께 살아가야 할 주체, 문제를 함께 해결해야 할 주체로 보지 못하게 한다. 위기의 시대에 나 자신의 생존 가능성마저 줄여버리는 최악의 전략이 아닐 수 없다.

#혐오 #귀인 #타집단탓 #위기의시대 #공존의가능성

한민의 심리학의 쓸모

25

이분법적 사고에서
벗어나는 법

세상의 많은 갈등이 이분법적 사고에서 비롯된다. 나는 옳고 상대는 틀렸다는 생각, 나는 선이고 너는 악이라는 생각이다. 내가 옳고 너는 틀렸다는 전제에서는 어떠한 대화나 타협도 불가능하다. 오직 상대가 나에게 굴복하거나 완전히 사라져야만 문제가 해결될 수 있는 세계다. 이러한 이분법적 사고에서 벗어나기 위해서는 이분법적 사고가 나타나는 과정부터 이해할 필요가 있다.

이분법적 사고는 형식적 사고 단계에서 나타나는 생각 유형이다. 형식적 사고는 눈에 보이지 않고 손으로 만질 수 없는 추상적인 개념을 생각할 수 있는 단계를 의미하는데, 발달심리학자 장 피아제의 인지발달이론 중 마지막 단계로 꼽히는 사고 단계다.

피아제는 아이들의 인지가 감각운동기, 전조작기, 구체적 조작기, 형식적 조작기 순으로 발달한다고 보았다. 감각운동기는 태어나서 약 2살까지의 기간으로 아직 인지 및 운동능력이 미숙한 아이들이 피부에 닿는 감촉 등의 기본적 감각으로 인지를 발달시켜가는 과정을 말한다. 전조작기는 2살부터 약 7살까지로 조작(operation)에 대한 이해가 이루어지기 전의 시기를 뜻한다. 조작이란 같은 모양의 물그릇에 담긴 같은 양의 물을 서로 다른 모양의 그릇에 옮겨담는 것처럼 어떠한 물체나 대상의 외적 상태를 변화시키는 처치를 의미한다. 전조작기에 있는 아이들은 조작 전후의 물의 양이 같다는 사실을 이해하지 못한다. 구체적 조작기는 조작 개념은 이해했으나 자신이 구체적이고 직접 그것을 할 때만 이해할 수 있는 단계다. 대략 초등학교 3,4학년 정도까지의 시기이다. 이 시기를 지나면 실질적인 대상이 눈앞에 없거나 직접적인 조작 없이도 머릿속으로 사건의 전후를 추정하는 형식적 조작기에 도달했다고 본다. 형식적 조작기에 이른 아이들은 어떤 일을 하기 전에 계획을 수립하며 그 계획이 어떤 결과를 초래할지 예측할 수 있다. 사회, 윤리, 사랑, 정치, 경제와 같은 추상적인 개념들을 이해할 수 있으며 과거, 현재, 미래 등 다양한 시점에서 자신과 사건들을 조망할 수 있다. 인간의 이성적 능력이 종합적으로 발달하는 시기다. 그러나 아이들의 이러한 능력은 실제 생활에서의 경험이 뒷받침된 것이 아니어서 몇 가지 특징을 갖고 있다. 그중 하나가 이분법적 사고다. 옳고 그름, 선과 악, 아름다움과 추함 등의 추상적인 개념들은 이해할 수 있지만 그 사이의 수많은 스펙트럼이나 개념의 상대성 즉, 나에게는 옳은 것이 다른 이에게는 틀릴 수 있고 다른 이에게 옳은 것이 나에게는 틀릴 수 있다는 사실은 이해하지 못한다.

세상에는 절대적인 원칙이 없으며 다양한 원칙이 공존할 수 있음을 받아들이는 상대적 사고는 페리와 크레이머 등의 심리학자들에 의해 형식적 조작기 이후 인지발달 단계로 제안되기도 했다. 인지발달이 청소년기에서 마무리되는 것이 아니라 성인이 된 이후에도 새로운 지식을 받아들이고 그것들을 통합하는 과정을 통해 계속해서 발달한다는 것이다.

그렇다면, 이분법적 사고에서 벗어나 상대적 사고를 하는 데 필요한 것은 무엇일까? 일단 많은 경험이라고 할 수 있다. 다양한 경험을 통해 나의 관점, 나의 생각이 항상 옳을 수는 없다는 사실을 자연스럽게 깨닫는 것이 중요하다. 또 한 가지 방법은 역사에 관심을 두는 것이다. 과거에서 현재, 미래로 이어지는 역사의 흐름 속에서 과거에는 옳았던 일들이 현재에는 왜 받아들여지지 않는지, 과거에는 틀렸다고 여겨지던 일들이 왜 현재에는 당연한지를 이해하는 것이 상대적 사고 훈련에 많은 도움이 된다. 마지막으로, 다른 문화의 사람들을 이해해 보는 것도 있다. 문화는 선악이나 미추 등의 가치관은 물론 인간의 인지와 마음에 전반적인 영향을 미친다. 다른 문화의 사람들이 왜, 어떤 과정으로 우리와 다른 생각을 하는지 이해한다면 자연스럽게 상대적 사고를 발달시킬 수 있다.

#이분법적사고 #형식적사고 #피아제 #상대적사고 #후형식적사고

나의 잠재력을 끌어내려면

26

말하는 대로 되리라는
믿음에 앞서는 것

'자기실현적 예언'이라는 개념이 있다. '자기충족적 예언' 또는 '피그말리온 효과'(그리스 신화의 피그말리온 이야기에서 따온 것으로 무언가 간절히 바라면 그렇게 된다는 뜻으로 사용된다)라고도 불리는 개념으로, 사람들은 스스로의 기대를 충족하는 방향으로 행동하게 된다는 경향이다.

미국의 사회심리학자 로젠탈과 교육학자 제이콥슨은 이 이론을 교실에 적용하여 교육계에 커다란 반향을 불러일으킨다. 이들 연구의 초점은 선생님의 기대가 실제로 학생의 성적을 오르게 하는지 살펴보는 것이었다. 연구자들은 멕시코계(히스패닉) 아이들이 많이 다니는 초등학교를 선정하여

학년 초에 전교생을 상대로 지능 검사를 시행했다. 그 후 전체의 20%가량의 학생 명단을 추리고 앞으로 지적으로 크게 성장할 아이들이라는 설명과 함께 교사들에게 통보했다.

여기에는 사실 비밀이 있었는데, 지적으로 크게 성장할 20%의 학생이라는 것이 알고 보면 무작위로 선정된 것이었다. 특별한 학생과 일반 학생 사이의 차이는 오직 교사의 마음속에만 있을 뿐, 실제로는 그렇지 않았다. 그러나 8개월 후 시행된 2차 검사에서 놀라운 결과가 나왔다. 1차 검사때보다 성적이 20점 이상 오른 학생이 일반 그룹에서는 19%였던 것에 비해 '특별' 그룹에서는 무려 47%에 달했다. 그동안 '특별' 학생들을 위한 별도의 프로그램이나 개인 지도는 없었다. 오직 교사의 기대와 믿음만 있을 뿐이었다. 연구자들은 교사의 기대와 믿음이 이러한 결과를 이끌어냈다고 생각했다. '특별' 학생을 대하는 교사의 기대가 눈빛, 표정, 말투, 몸짓 등을 통해 은연중 드러나고, 이를 느낀 학생들은 자신감과 학습 동기 등에 변화를 일으켜 성적 향상에 영향을 주었다는 추론이었다. 또 하나 주목할 만한 결과는, 저소득층에 속하는 멕시코계 학생들 점수가 더욱 향상되었다는 점이다. 연구자들은 심지어 '보다 더 멕시코인처럼' 생긴 학생들의 성취가 더 컸다는 사실을 지적했다. 연구 결과는 그동안 이들이 교사의 기대에서 얼마나 소외되어 있었는지 그리고 교사의 기대가 이들에게 어떤 영향을 미칠 수 있는지를 극적으로 보여준 결과였다.

자기실현적 예언이 예언하는 것은 교사의 기대가 초등학생들의 학업적 성취에 영향을 준다는 사실에서 그치지 않는다. 자기실현적 예언은 피그말리온 효과처럼 자신에 대한 기대가 본인의 성취에 미치는 경우에도 사용되는 개념이다. 사회와 어른들의 기대가 중요한 청소년기와 달리 인생의 3/4 이상을 차지하는 성인기의 삶에서는 스스로에 대한 기대가 중요하다. 삶을 이끌어 가는 주체는 자기 자신이어야 하기 때문이다. 하지만 날로 팍팍해지는 현대 사회에서 자신에 대한 믿음을 계속 갖고 유지하는 것은 쉬운 일이 아니다. 원하든 원치 않든 점점 객관화되는 내 모습도 스스로에 대한 기대를 유지하기 어려운 이유 중 하나다. 오죽하면 대한민국 예능의 신, 유느님(유재석)조차도 처음에는 '말하는 대로 될 수 있다고는 믿지 않았'다.

전설적 예능 《무한도전》의 서해안 고속도로 가요제에서 유재석, 이적이 불렀던 노래 〈말하는 대로〉의 가사처럼 자신에 대한 믿음을 갖기 위해서는 계기가 필요하다. '사실은 한 번도 미친 듯 그렇게 달려든 적이 없었다는'(노래 〈말하는 대로〉의 가사 중 일부) 깨달음은 삶의 목적이 불분명한 상태에서는 우리 안의 어떤 에너지도 나아갈 방향을 찾지 못한다는 사실을 의미한다.

뭔가 한 번 해보자고, 미친 듯 달려들어 보자고 마음을 먹고 나서야 '내일 뭘 할지' 꿈꾸게 됐고, 그렇게 '자신을 일으켜 세운' 다음에야 말하는 대로 될 수 있다는 것을 '믿게 되었다'는 노래 가사는 자신에 대한 기대는 자기 확신에서, 자기 확신은 굳게 선 자기로부터 가능하다는 심리학적 사실을 담담하게 전해준다.

#자기실현적예언 #피그말리온효과 #로젠탈효과 #말하는대로
#유재석 #처진달팽이

한민의 심리학의 쓸모

27

목표를 향한
동력을 만드는 법

삶에 목표가 중요하다지만 막연히 목표를 이루어야 한다는 생각만으로는 한계가 있다. 대부분의 목표가 하루아침에 달성하기는 어렵기 때문이다. 그리고 사실상 이루기가 불가능한 목표도 있다. 불가능한 목표를 설정하는 것은 사실 합리적이지는 않다. 특히 행복에는 엄청나게 방해가 된다. 하지만 세상에는 불가능한 꿈을 위해 인생을 거는 사람들도 있다.

논어에 이런 구절이 있다. "知其不可爲而爲之"(지기불가위이위지) 안 될 것을 알면서도 그것을 해내려 한다는 뜻이다. 혁명가 체 게바라는 "리얼리스트(현실주의자)가 되자, 하지만 가슴 속에 불가능한 꿈을 가지자"라고도 했다. 동서고금의 현자들이 '불가능한 꿈'을 이야기했다는 사실은 거기에 행복 이상의 어떤 의미가 있다는 뜻이다.

만화『슬램덩크』의 북산고등학교 농구부 주장 채치수는 1학년 때부터 전국제패를 꿈꾸었다. 농구 명문도 아니고 이렇다 할 스타 플레이어도 없는 북산의 현실에서 전국제패는 허황된 꿈에 불과했다. 그러나 채치수가 전국제패를 꿈꾸지 않았다면 북산이 전국대회에 진출하는 일도, 전국대회에서 최강자 산왕고를 꺾는 일도 일어나지 않았을 것이다.

물론 이런 종류의 일은 만화에서나 가능한 일인지도 모르겠다. 현실은 지역 예선에서 탈락하고 전국 제패를 꿈꾸던 채치수는 농구를 그만두고 평범한 대학생으로 살아가는 게 확률적으로 더 높은 일이다. 하지만 그렇다고 해도 누가 채치수의 꿈을, 북산의 도전을 비난할 수 있을까. 목표를 이루면 좋겠지만 이루지 못한다 한들 목표를 이루려 했던 그 마음과 노력까지 의미가 없어지는 것은 아니다.

달성할 수 있는 목표든 불가능한 목표든 목표를 향한 삶에는 꾸준한 행함(실행)이 뒷받침되어야 한다. 채치수가 전국제패의 꿈만 꾸고 농구 연습을 게을리했다면, 골칫덩어리 팀원들을 이끌지 않았다면, 북산이 만들어낸 감동적인 드라마는 존재하지 않았을 것이다.

논어의 "知其不可爲而爲之"(지기불가위이위지)는 김구 선생의 아들 김신 전 공군참모총장이 아버지를 기억하며 하신 말씀이다. 김구 선생께서 평생의 목표로 삼았던 민족의 독립과 통일은 누군가가 보기에는 불가능한 꿈처럼 보였다. 하지만 우리가 지금도 김구 선생을 기리는 이유는 그의 숭고한 뜻과 이루기 불가능해 보였던 목표를 향한 진실한 삶의 자세 때문이다.

어떤 사람의 삶의 자세는 '마인드셋'(mindset)이라는 개념으로 이해할 수 있다. 인지심리학에서 마인드셋은 주어진 조건에 반응하여 활성화되는 개인의 의식구조나 태도를 의미한다. 이는 마음가짐, 삶의 철학이라고도 할 수 있다.

마인드셋은 그 사람의 행동을 규정하고 나아가 삶을 이끄는 원동력을 제공한다. 그리고 인지구조나 사고과정에 그치지 않고 그 사람의 모든 행동에도 드러난다. 사람을 대하는 태도나 평소에 쓰는 어휘, 말투, 일을 하는 방식, 습관을 보면 그 사람의 사고방식과 삶의 목표를 이해할 수 있다. 옛사람들이 중요한 일을 하기 전에 항상 목욕재계를 하고 옷매무새를 정갈히 한 다음 성실한 자세로 일에 임할 것을 강조한 이유가 여기에 있다.

이런 종류의 정보는 이른바 비언어적 정보다. 의사소통의 93%는 비언어적 정보로 이루어진다는 점을 떠올려보면 어떤 사람의 기본적 몸가짐이 얼마나 중요한지도 짐작할 수 있다. 현대 사회로 오면서 예의범절이나 형식이 중요하지 않다는 인식이 퍼져 있지만, 태도 이론의 관점에서 보면 단단히 잘못된 생각이다.

태도 이론에 따르면 인지, 정서, 행동은 일관성을 가진다. 어떤 사람의 마인드셋은 그 사람의 행동에 반영되며, 특정 행동을 하다 보면 마인드셋이 행동을 따라가기도 한다. 즉, 바른 생각을 하면 바른 행동이 나오고, 잘못된 행동을 하면 잘못된 생각이 자리 잡는다. 특히 목표 달성과 같은 장기적 행동은 전적으로 마인드셋에 달렸다 해도 과언이 아니다.

마인드셋은 자신의 삶을 이끌어갈 동력을 제공하는 동시에 주변 사람들을 감동시켜 나의 뜻한 바를 널리 알리고 그것을 이룰 수 있는 바탕이 된다. 따라서 자신이 어떠한 목표

를 이루고 싶다면 그 목표를 이루기 위한 마인드셋을 갖추는
것이 먼저다.

#삶의목표 #마인드셋 #태도가본질이다

28

실현 가능한 목표를
세우는 법

머릿속에 큰 그림을 그렸다고 해서 바로 실현되는 것은 아니다. 몸짱 되기, 공부 하기, 부자 되기 등 많은 사람들이 이루고자 하는 목표를 세우지만 거기에 도달하는 이는 많지 않다. 마음만 앞서서 무턱대고 달려들다가는 제풀에 지쳐 며칠 만에 나가떨어지기 일쑤다. 작심삼일이란 말이 괜히 있는 것이 아니다.

심리학은 이 경우에도 효과적인 방법을 제시한다. '조작적 조건화'가 그것이다. 조작적 조건화는 행동주의 심리학의 이론으로 스키너의 쥐 실험으로 잘 알려져 있다(앞에서 도박 중독을 얘기하며 먼저 다룬 적 있다). 쥐의 행동을 보상으로 강화하여 쥐가 지렛대를 누르도록 만드는 실험이다. 전제는 욕구다. 조작적 조건화 실험에는 먹이 박탈이라는 절차가 있다. 실험 전에 쥐를 며칠 굶기면 배고픈 쥐는 먹이를 찾기 위해 뭐라도 할 준비가 되어 있다. 의지가 생긴 것이다. 다음은 행동을 만들어 가야 한다. 조작적 조건화에서 가장 중요한 과정인 '강화'(reinforcement)이다. 쥐가 목표한 행동을 할 때마다 외부에서 보상을 주는 절차다. 특정 행동을 할 때마다 보상이 주어진다는 사실을 깨달은 쥐는 그 행동을 계속한다. 여기가 바로 목표를 달성해야 할 우리가 참고해야 할 지점이다.

스키너가 제안한 조작적 조건화의 핵심은 유기체(동물)의 행동을 만들어 간다는 데 있다. 쥐는 아무리 배가 고파도 처음부터 지렛대를 눌러 먹이를 빼 먹을 수 없다. 그럴 지능이 안된다. 하지만 단계적으로 행동을 만들어 가면 가능하다. 지렛대가 있는 벽으로 다가가고, 지렛대를 만지고, 체중을 싣고, 누르는 행동으로 이어지면 결국 지렛대를 눌러 먹이를 얻게 된다.

스키너가 '조형'(shaping)이라 명명한 이 원리를 목표 달성에 적용하면, 가장 먼저 해야 할 일은 목표를 작게 쪼개는 것이다. 예를 들어, 토익 900점을 받는다고 해보자. 영어 공부를 시작하는 사람이 처음부터 고득점을 얻기는 불가능하다. 실현 가능한 목표를 잡아야 한다. 처음이니 600점 정도로 하자. 공부는 꾸준함이 생명이다. 공부 습관이 없는 사람은 책상 앞에 붙어있는 연습부터 해야 한다. 시간을 딱 정해 놓고 꾸준히 문제를 풀고 강의를 들으면 실력이 늘 것이다. 600점을 기록했다면 다음은 보상이다. 평소에 좋아하던 것으로 본인에게 보상을 준다. 맛있는 음식을 먹으러 가도 좋고 공부하느라 미뤄뒀던 게임을 실컷 해도 좋다. 단 공부의 흐름을 깰 정도로 과한 보상은 좋지 않다. 하루 정도의 일탈이면 충분하다. 그 다음 날부터는 목표를 650점으로 바꾸고 다시 시작한다. 그렇게 하다 보면 언젠가는 900점을 받는 날도 오지 않을까.

조작적 조건화의 장점은 일상에 집중할 수 있다는 점이다. 처음부터 지나치게 큰 목표를 세우고 그것을 달성하지 못하는 날이 계속되면 사람은 지치기 마련이다. 비교를 통한 상대적 박탈감도 커진다. 작은 목표를 자주 달성하면 성취감을 여러번 맛볼 수 있을 뿐 아니라 스스로 설정한 보상에서도 소소한 즐거움을 느낄 수 있으니 일석이조라 아니할 수 없다.

물론 가장 먼저 선행되어야 할 일은 본인이 토익 900점을 받아야 할 이유를 찾는 것이다. 그곳에 취업하려면 꼭 점수가 필요한가? 그곳에 취업해야 하는 이유는 무엇인가? 그곳에서 하게 될 일은 내 적성에 맞는 일인가? 그곳에 다니면서 어떤 의미를 찾을 수 있는가? 이러한 질문들에 대한 답이 나오지 않은 상태에서 일단 토익 900점을 따놓자는 식의 접근은 공허한 결론으로 이어질 가능성이 크다.

그리고 마지막은 자신을 제대로 볼 줄 아는 시각을 갖추는 것이다. 자기객관화 능력이다. 지혜롭게 계획을 짜고 성실히 노력한다면 대부분의 목표는 이룰 수 있겠지만 사람에 따라 능력의 차이는 있는 법이다. 정말 열심히 노력했는데도 토익 900점이 나오지 않는다면 그보다 적은 점수로도 갈 수 있는 다른 직장을 찾거나 아예 영어 점수가 필요 없는 직업을 찾는 것도 방법이다.

#목표 #조작적조건화 #행동만들기 #조형

29

알고 싶은 것을 알기 위해 꼭 알아야 할 것

뭔가를 알고 싶을 때 우리는 책을 찾아보거나 인터넷 검색을 한다. 그러나 그보다 먼저 알아야 할 것이 있다. 내가 무엇을 알고 무엇을 모르는지를 아는 것부터다. 무엇을 알아야 하는지 알지 못하면 쓸데 없는 일을 하게 된다. 여기에 시간 낭비는 덤이다. 알고 싶은 것을 알기 위해서 꼭 알아야 할 것을 아는 능력은 '메타인지'에서 온다.

메타인지란 '생각에 대한 생각'을 뜻한다. 메타인지는 앎에 대한 능력뿐만 아니라 자기 자신에 대해 아는 능력, 자신과 자신이 하는 일을 과거, 현재, 미래 등 다양한 시점에서 생각할 줄 아는 능력과도 관련이 있다. 따라서 메타인지는 다양한 상황에서의 적응이나 창의성에도 지대한 영향을 미친다.

일반적인 사고과정을 넘어서는, 내가 생각하는 것에 대해 생각하는 능력은 인간의 뇌에서도 가장 최근에 발달한 전전두피질에서 담당한다. 대뇌 피질의 전두엽 부분에서도 가장 앞쪽에 자리한 전전두피질은 우리가 골치 아픈 일로 이마를 감싸 쥐는 바로 그 부위다.

두뇌의 발달은 10살쯤까지는 확산적으로 이루어지다가 10살이 넘으면서는 수렴되는 양상으로 바뀐다. 피아제의 인지발달이론으로 얘기하면 구체적 조작기에서 형식적 조작기로 넘어가는 시기다. 대략 초등학교 저학년 나이인 구체적 조작기에 아이들은 사소한 것 하나도 지나치지 않고 관심을 보이다가 고학년이 되면서 점점 심드렁해지는데, 이는 형식적 조작기가 시작되었다는 신호이다.

형식적 조작이란 쉽게 말해 추상적인 개념을 생각할 수 있다는 뜻인데, 메타인지의 발달 또한 형식적 조작기의 특성이다. 이 시기에 해당하는 청소년들이 '나'에 대해 생각하게 되면서 정체성 고민이 시작되는 것은 어찌보면 당연하다. 내가 누구인지 알아야 미래의 내가 어떤 모습이어야 할지 그림이 그려지지 않겠는가. 인간은 데카르트가 말했던 "나는 생각한다, 고로 존재한다"처럼 자기가 생각하고 있다는 사실 자체를 인지한다. 자신이 생각한다는 사실을 지각할 때 여러 고차원적인 추론이 가능해진다.

데카르트의 명제는 중세의 막을 내리게 하고 근대가 열리도록 했다. 인간을 존재하게 만드는 것은 생각하는 능력, 곧 이성(理性)이라는 것을 깨닫고, 더 이상 신이 필요 없음을 알게 된 것이다. 인간 중심적으로 세계를 탐구하기 시작했고, 합리적이고 이성적인 과학 지식을 축적했으며 과거 신의 영역이라 믿어지던 곳에까지 인간의 영역을 넓혀갔다.

인간을 여타의 다른 동물들과 가장 크게 차이 나게 하는 능력은 자신을 이해하는 능력, '자의식'이다. 동물들에게는 거울을 보여주면 자신이 아닌 다른 동물이라 생각하지만, 인간은 스스로임을 안다. 인간은 자의식을 가지게 됨으로써 하는 일의 이유를 알고, 일에 의미를 부여하고, 과거와 현재, 미래로 이어지는 스스로의 존재를 이해한다.

내가 하는 일, 내가 알고자 하는 모든 것 앞에 '나'라는 존재가 있다. 신탁(神託, 신의 대답)을 받기 위해 델포이의 신전을 찾은 사람들에게 아폴론이 "너 자신을 알라"라고 조언했던 이유가 여기 있다. 자신을 알기란 쉽지 않다. 융은 진정한 나를 찾고 나답게 사는 일은 평생의 과제라 했다.

금방 답을 찾을 수 없다고 포기해서는 곤란하다. 관건은 끊임없이 나에 대해 생각하는 것이다. 이기적이 되라거나 자기애적이 되라는 이야기는 아니다. 나의 모습을 다른 이의 관점에서도 바라보고, 내가 하는 일 역시도 다른 관점에서 검토해 보자는 것이다.

내가 이렇게 생각하는 것을 다른 사람은 저렇게 생각할 수도 있고, 지금 내가 옳다고 믿는 일이 시간이 지나면 틀린 일이 될 수도 있다. 내가 생각하고 느끼는 바가 절대적인 것이 아니라는 사실을 깨달을 때, 진정 내가 알아야 할 것들이 눈에 들어오기 시작한다.

#목표 #조작적조건화 #행동만들기 #조형 #큰목표는쪼갠다

30

단점을 장점으로
바꾸는 법

장점만 가진 사람은 없다. 누구나 단점을 가지고 있다. 스스로 단점은 없고 장점만 있다고 생각하는 사람은 지나친 자기애라는 단점이 있는 사람이다. 자기애가 너무 강한 사람은 자기중심적이고 다른 사람의 기분에 둔감하며, 따돌림을 당하기 쉽고, 작은 실패나 좌절에도 큰 심리적 충격을 받는다.

자신의 단점을 알고 있는 사람은 고치려고 노력도 해보지만 생각만큼 쉽지 않다. 나의 기질과 환경에서 비롯되었으며 오랫동안 내 삶에 영향을 미치고 있는 나의 일부라서 그렇다. 기질과 환경의 상호작용으로 어떤 사람에게 고유하게 드러나는 행위 양식을 심리학에서는 '성격'이라고 한다. 우리가 느끼는 단점은 대개 성격적인 측면을 이야기하는 경우가 많다.

임상심리학에서는 성격이 문제가 되어 자신과 주변인들의 삶에 부적응을 일으키는 정신 병리를 성격장애라 분류하는데, 성격장애는 A군, B군, C군 총 10개의 유형으로 나뉜다. A군에 편집성, 조현성, 조현형 성격장애, B군에 반사회성, 자기애성, 연극성, 경계선 성격장애, C군에 강박성, 의존성, 회피성 성격장애가 그들이다.

모든 정신 병리가 그렇지만 '장애'라고 진단할 수 있는 행동의 범주는 크지 않다. 특히 성격은 개인이 평생 자신의 삶에 적응해 온 결과이기 때문에 적응적인 측면을 간과할 수 없다. 그래서 성격장애는 진단하기가 매우 어려운 정신 병리 중 하나다. 문제라고 인식하지 못하거나 알더라도 사소한 단점이라 생각하지 치료가 필요할 정도의 장애라고 생각하지는 않는다.

성격상의 문제는 누구나 있을 수 있다. 다만 자신의 버릇, 사고방식, 행동으로 스스로의 삶이 힘들어지거나 주변 사람들이 괴롭다면, 문제를 인식하고 치료를 받을 수 있는 용기가 필요하다. 그렇지만 아직 그 정도가 아니라면 단점은 얼마든지 극복할 수 있다. 극복 정도가 아니라 장점으로 변화시키는 방법이 되기도 한다.

　편의상 성격장애의 성격 유형을 기준으로 몇 종류만 예를 들어 보자. A군 성격장애 중 '편집성' 성격은 다른 사람들이 내게 피해를 준다는 믿음 때문에 상대방의 의도를 왜곡하고 자신이 겪은 일들을 '편집'하는 경향을 갖고 있다. 나쁘게 발현되면 끊임없는 의심과 집착으로 옆에 있는 사람들을 괴롭힐 수 있지만, 긍정적인 면에서는 훌륭한 '편집 능력'으로 활용될 수 있다. 대인 관계만 잘 조절할 수 있으면 연출가나 편집자로 대성할 수 있는 성격이다. B군 성격장애의 '연극성' 성격은 타인, 특히 이성의 관심을 받기 위해 과장된 행동을 하는 경향이 있다. 늘 다른 사람의 관심을 갈구하고 한 사람과의 안정적인 관계에 몰입하지 못한다. 하지만 이들의 강점은 풍부한 감정 표현과 상황에 대한 몰입력이다. 따라서 이러한 성격은 배우나 가수 등 연예계 쪽에 적합하다. C군 성격장애의 '강박성' 성격은 내면의 불안을 해소하기 위해 스스로 통제할 수 있는 규칙이나 행위에 강박적으로 집착하는 특징이 있다. 정리정돈, 위생, 자신만의 규칙 등을 강조하여 같이 사는 사람들을 피곤하게 하는 이 유형의 사람들은 회계나 정밀 가공, 안전 관리 분야에서 뛰어난 역량을 발휘할 수 있다.

단점을 장점으로 바꾸기 위해서는 우선 자신이 어떤 사람이라는 이해가 있어야 한다. 자기이해는 쉽게 들리지만 은근히 어려운 일이다. 내가 생각하는 나와 다른 사람이 생각하는 나, 되고 싶은 나와 현실의 나 사이에는 언제나 차이가 존재하기 때문이다. 그래서 평소에 자기 자신을 자세히 돌아보고 관찰하는 습관을 가질 필요가 있다. 그런 뒤에야 나의 장점과 단점, 장점을 더 살리고 단점을 보완하고 극복할 수 있는 방법이 눈에 들어온다.

#단점을장점으로 #성격 #성격장애 #자기이해

31

돈을 좇으면서도
행복해지는 법

돈은 행복에 별로 영향을 미치지 않는다는 것은 행복 연구에서 상식으로 통한다. '이스털린의 역설'이라는 것이 있다. 미국의 경제학자 리처드 이스털린이 밝혀낸 사실로 소득이 일정 수준 이상이 되면 소득 증가가 더 이상 행복에 영향을 미치지 않는다는 내용이다. 그리고 그 기준은 대략 국민소득 2만 달러 선이다.

우리나라는 국민소득 3만 달러를 넘어 4만 달러를 향하고 있다. 2만 달러를 넘어도 한참 넘었으니 우리가 불행한 이유는 돈 때문만은 아닌것 같다. 그런데 세상 일이 그렇게 간단하지가 않다. 행복과 돈의 관계에 대한 연구들만 조금 더 들여다봐도 행복에 돈이 중요하다는 것은 금방 알 수 있다.

국가의 행복도를 조사한 연구에서 행복도가 높은 곳은 예외 없이 부유한 나라다. 경제 수준이 높고 복지가 잘 되어 있는 나라들이 그렇지 않은 나라보다 확실히 더 높다. 더군다나 한 국가 안에서도 부유한 사람일수록 행복도가 더 높다. 뉴욕타임스의 조사에서 가계소득이 연 25만 달러 이상인 미국인은 90%가 아주 행복하다고 응답했고, 이는 3만 달러 이하인 사람들의 42%보다 배 이상 높았다(25만 달러면 환율 1$=1,100원 기준으로 2억 8천만 원이 넘는 돈이다).

그렇다면 돈이 얼마나 있어야 행복할까? 최근의 연구들을 보면, 이스털린이 이야기한 국민소득 2만 달러는 더 이상 그 기준이 되지 못한다. 앞서 노벨경제학상을 받았다고 소개한 적 있는 미국의 심리학자 대니얼 카너먼의 2010년 연구에 따르면 소득이 높아져도 행복지수가 더 올라가지 않는 기준점은 연소득 7만 5천 달러다. 이 글을 쓰는 오늘 환율(1$=1,127원) 기준으로 적용해보면 8천4백만 원이 넘는 돈이다. 연봉 8천이라, 생각만 해도 행복해지는 듯하다.

이런 결과는 이스털린의 역설을 다시 생각해 보게 한다.

놀랍도록, 아무도 이야기하지 않는 사실이 이스털린이 2만 달러의 기준을 이야기한 것이 1973년이라는 점이다. 참고로 1973년 한국의 1인당 국민소득은 407달러였고 선진국 대열에 들어선 일본도 3,999달러에 불과했다. 그 시절에 2만 달러면 행복할 만도 하지 않은가.

국민소득이 2만 달러가 넘으면 돈은 더 이상 행복에 영향을 미치지 않는다고, 국민소득이 3만 불도 넘은 이때 "돈돈" 하는 것은 행복과는 거리가 멀다는 주장을 하는 사람들 중에는 지금이 2023년이라는 사실을 말하는 이는 아무도 없다. 그러니 우리는 50년 전 자료를 가지고 행복에 돈은 중요하지 않다고 생각하고 있는 것이다. 물론 돈이 많다고 해서 반드시 행복해지는 것은 아니다. 그러나 부자들은 가난한 사람보다 행복해질 기회가 훨씬 많다. 돈이 있으면 건강을 잘 유지할 수 있고, 긍정적인 사회적 관계에 노출될 가능성도 커지며, 충분한 여가와 휴식을 즐기고 가끔은 정신과에 가거나 심리 상담을 받으며 멘탈 관리를 할 수도 있다. 이는 부정할 수 없는 사실이다.

사회에 막 발을 내디딘 청년들의 상당수가 학자금 대출을 갚아야 하고 내집 마련이 어려워 결혼과 출산마저 포기하는 현실에서, 대출금 갚기에 월급의 대부분을 털어넣고, 50대 초반이면 퇴직해야 하는 나라, 노인 빈곤율 1위인 나라에서 돈은 행복에 중요하지 않다고 되뇌는 것은 현실에 눈감는 일이거나 자신을 기만하는 행위일 뿐이다.

돈은 중요하다. 행복해지기 위해서 돈을 추구해야 한다. 돈이 필요한 사람은 열심히 돈을 벌면 된다. 돈이 사는 이유이고 삶의 의미라면 돈을 추구하는 것이 행복이 아닐 이유가 없다. 다만 돈이 최우선이 되어 사랑하는 사람들과 일상의 행복을 놓치는 일은 없어야 할 것이며, 돈을 버는 순간순간이 힘들고 괴롭다고 해서 그것을 곧 불행의 증거로 받아들여서는 안 될 터이다. 목표로 한 돈을 벌지 못했다고 인생에 실패한 패배자라고 좌절할 필요는 더더욱 없다.

연봉 8천만 원이 누구나 도달할 수 있는 목표는 아니다. 불가능한 목표를 두고 이에 도달하지 못한 삶을 불행으로 규정하는 사람이 행복해질 수 있는 방법은 없다. 그러나 다행스럽게도 행복에 도달하는 방법이 반드시 돈뿐인 것만은 아니다. 이스털린과 행복 연구자들은 아마도 이 이야기가 하고 싶었을 것이다.

#행복연구 #이스털린의역설 #연봉8천

한민의 심리학의 쓸모

32

비교하고도
행복해지는 법

비교를 하면 불행해진다. 어디선가 한 번 이상은 들어봤을 말이다. 이런 견해는 류버머스키와 로스의 연구에서 비롯되었으며 국내외를 막론하고 많은 연구들에서 지지를 받고 있다. 요약하면, 사회비교 경향이 높을수록 우울, 스트레스 등의 부정적 정서가 높고 자존감, 주관적 안녕감 등은 낮다는 것이다. 이를 바탕으로 우리 사회에는 비교하면 불행해진다는 생각이 상식처럼 통하고 있다.

그런데 모든 비교는 나쁠까? 사회비교 이론만 봐도 그렇지 않다는 사실을 금방 알 수 있다. 사회비교 이론에 따르면 나보다 더 나은 사람과의 비교(상향비교)는 부정적 감정을, 나보다 더 못한 사람과의 비교(하향비교)는 긍정적 감정을 불러 일으킨다. 그러니까 비교할 때의 감정은 비교의 방향에 달려 있다.

일례로 긍정심리학의 주제 중 하나인 감사의 원리는 하향비교다. 감사란 내가 가진 것, 하고 있는 것, 할 수 있는 것을 되새기면서 긍정적인 감정을 끌어올리는 행위인데, 내가 가진 것, 하고 있는 것, 할 수 있는 것은 그것을 못 가진 사람, 하지 못하는 사람 그리고 할 수 없는 상태와 대응되는 개념이다.

우리를 불행하게 하는 종류의 비교는 더 나은 사람과의 비교다. 이른바 '사촌이 땅을 사면 배가 아프다'는 심리인데, 나보다 더 가진 사람과 비교하면 부정적 정서가 발생한다. 이른바 상대적 박탈감이다. 그러니 일단은 '비교를 하면 불행해진다' 보다는 '상향비교를 하면 불행해진다' 쪽이 좀 더 정확한 표현이다.

그런데, 나보다 나은 사람과 비교를 하면 반드시 불행해질까? 어느 정도는 맞는 말이다. 현대 사회에서의 우울증 원인 중에 SNS가 있는데, 인스타그램이나 페이스북에 게시된

화려하고 즐겁고 행복해 보이는 남들의 삶은 초라하고 보잘 것없는 내 삶과 대비되어 부정적 감정을 한층 증폭시킨다. 따라서 남들의 SNS를 보며 스트레스를 받는 이들은 되도록 비교(상향비교)를 안 하는 편이 행복에 도움이 된다.

그러나 상향비교에도 종류가 있다. 향상동기에 의한 비교가 그것이다. '향상동기'란 나를 더 나은 상태로 만들고자 하는 동기를 의미한다. 육상이나 수영의 예를 들어보자. 기록경기에서는 최선을 다했다는 자기만족으로는 좋은 성적을 거둘 수 없다. 선수 개인에게 최적화된 훈련 프로그램도 있어야겠지만 나보다 더 잘하는 선수와의 비교 또한 자신을 향상시킬 수 있는 중요한 동기다.

물론 상향비교는 부정적 정서를 유발한다. 그러나 향상동기에서 비롯된 상향비교는 그로 인한 부정적 정서가 상대적 박탈감과 불행으로 이어지지는 않는다. 이 경우 부족한 자신에 대한 건강한 분노와 해내겠다는 의지 표출에 가깝다. 우리는 이런 상태를 '분발'(奮發)이라 표현해 왔다. 그리고 분발은 스포츠 선수에게만 국한되지 않는다.

사람들은 더 나은 자신이 되고자 하는 욕구를 갖는다. 매슬로우(자기실현의 욕구를 강조하여 인본주의 심리학자로 분류된다. 매슬로우의 욕구 5단계는 여러 곳에서 인용될 정도로 인지도가 높다.)의 욕구위계 이론에 나오는 자기실현의 욕구가 그것이다. 자기를 실현하기 위해 다른 이들과 비교하고 분발심을 갖는 것이 어찌 불행하다 할 수 있겠는가.

불행해지지 않기 위해 남들과 비교하지 않겠다는 태도는 향상동기가 아닌 회피동기에서 비롯되는 생각일 뿐이다. 회피동기로는 예정된 부정적 결과는 막을 수 있겠지만 예정되지 않은 긍정적 결과에는 도달할 수 없다.

모든 사람이 향상동기를 가질 필요는 없다. 사람들 중에는 더 나은 내가 되고 싶지 않은 사람도 있다. 그런 분들은 그렇게 살면 된다. 자신의 가진 것에 만족하고 평화로운 일상을 즐기며 소소한 행복을 추구하는 방법은 이미 많이 나와 있다. 하지만 삶의 목적이 있고 도달해야 할 목표가 있는 이들은 비교를 두려워할 필요가 없다.

#사회비교이론 #상향비교 #하향비교 #분발심 #자기실현의 욕구
#향상동기 #회피동기

자기발견에 다가가려면

33

잊기 쉽지만 잊어서는
안 되는 사실

우리는 인류 역사상 가장 발달한 시대를 살고 있다. 개인이 느끼는 행복한 감정을 말하기 이전에 삶의 질과 기술적 발달로 만들어진 생활 편의만 봐도 충분히 그렇게 생각할 수 있다.

문명의 차원에서도 지구 위 인간이 도달하지 않은 곳이 없고, 만들지 못하는 물건이 없다. 개인 수준에서도 움직일 수 있는 범위나 할 수 있는 일의 종류가 과거에 비하지 못할 정도로 넓어졌다. 그러다 보니 우리는 스스로를 옛날 사람들과 비교해 대단히 다르다고 생각하는 경향이 있다. 그러나 인간은 과거에 비해 그렇게 많이 달라지지 않았다. 적어도 수만 년 내외로 보더라도 말이다.

현대 사회를 살아가는 사람들이 쉽게 간과하는 것이 인간은 동물이라는 사실이다. 그리고 지금의 현생 인류가 수백만 년 동안의 진화에 진화를 거쳐 지금의 모습이 되었다는 사실이다.

인간이 다른 종들에 비해 경쟁력을 갖도록 해준 뇌는 수렵과 채집 시대의 산물이다. 고기를 먹지 않으면 뇌 기능이 떨어지고, 땀을 흘리고 염분을 제때 섭취하지 않으면 뉴런을 작동시킬 전기 신호를 발생시킬 수 없다. 뇌의 구성 성분과 기능은 무리 생활과 사냥 그리고 단백질과 지방에 의해 결정되었다. 뇌와 신경계뿐만이 아니다. 성(性) 행동을 비롯한 남녀의 차이, 감정 및 권력 행동, 사회화, 기성세대와 후속세대의 관계, 이타 행동 등 현대 사회에서 우리가 알고 있는 대부분의 인간 행동은 신석기 시대의 인간 행동에 뿌리를 두고 있다.

근본적으로 인간은 동물이다. 살기 위해 먹어야 하고 소화를 시키고 남은 것은 배설해야 한다. 푹 자고 일어나면 세로토닌의 영향으로 기분이 상쾌해지고 갖고 싶은 것을 얻으면 짜릿한 느낌이 든다. 특정 나이에 이르면 남자는 정자를 만들고 여자는 난자를 배출한다. 남자의 할 일에서 사냥이 빠진 지 오래지만, 남자들은 아직도 멋진 근육을 갖고 싶어 한다. 수렵 채집 시대의 습관이다. 인간이라는 존재는 그렇게 진화해 왔다. 이는 인간의 존엄과 주체성과는 별개의 일이다.

현대 사회에 들어와서 인간의 주체성이 조명되면서 사람들은 자신의 주체성을 제한하는 모든 것에서 자유롭기를 원한다. 그래서 종교로부터 벗어났고 왕과 귀족들에게서 독립했으며, 나아가 그동안은 절대적으로 의존할 수밖에 없었던 자연에서도 벗어나고자 했다. 인간과 인간이 만들어낸 것으로부터의 독립은 어느 정도 가능해졌으나 인류가 끝까지 벗어나지 못한 것은 신체적 능력의 한계와 우리 주변의 자연 섭리다.

생명공학과 뇌과학은 수명을 연장하고 질병을 막아내는 등 인간이 가진 잠재력을 최대한 발현하고자 했다. 그러나 우리는 여전히 인간 종으로서의 한계 안에 머물고 있다. 수명이 비약적으로 늘어났다 하더라도 영원히 살지는 못하며 신체적, 정신적 능력을 아무리 발달시켜도 유전자 범위 내의 일이다.

이럴수록 필요한 능력은 자신의 가능성과 한계를 명확히 아는 것이다. 기술이 점점 진보하고 사회가 고도화될수록, 인간의 능력이 점점 향상되고 개인으로서의 선택과 결정이 중요해질수록, 자신에 대해 아는 것은 중요하다. 생물학적 나 역시 나의 한 부분으로 나의 생물학적, 진화적 특성을 이해하는 것 또한 일종의 자기발견이라 할 수 있다.

주체로 산다는 것이 세상 모든 일을 제 뜻대로 하겠다고 고집을 피우는 것과는 다르다. 생물학적 한계를 벗어나겠다며 밥을 굶거나 성욕을 억제하거나 영생을 추구하는 일도 실존적이진 않다. 주체로서의 삶은 명확한 자기인식에서 시작된다. 자신의 한계를 깨닫는 것은 자기발견의 첫걸음이다. 뇌 생리학과 진화심리학은 이런 관점에서 현대인들의 자기 이해와 자기실현을 돕는다.

#진화심리학 #뇌생리학 #인간은동물 #자기이해

34

때로는 이성적 판단보다
앞서야 하는 것

정서와 감정은 엄밀하게 보자면 구별되는 개념이다. 정서는 생물학적 반응, 감정은 그것을 해석해서 받아들인 느낌에 가깝다. 정서는 의외로 심리학에서 중요하게 다루지 않는다.

현재의 심리학 주제는 주의, 지각, 학습과 기억에서부터 문제 해결, 의사 결정, 추리와 추론 등의 인지 과정, 범주화와 상징, 창의성에 이르기까지 인지심리학에 치우쳐 있다. 정서는 정서를 무엇으로 볼 것인가에 대한 정서이론 정도가 전부다.

감정은 더 연구하기가 까다롭다. 신체적 반응을 받아들이는 과정과 결과가 매우 주관적이기 때문이다. 그래서 심리학에서는 정서 혹은 감정을 별로 중요하게 생각하지 않는 경향이 있다. 서양에서는 이러한 역사가 더 길다. 다른 동물과 구별되는 인간의 특징으로는 이성이 꼽히면서 감정은 이성을 방해하는 것 즉, 열등한 것으로 받아들여져 왔다. 그러나 사람은 감정을 가진 존재다. 우리는 다양한 이유로 여러 감정을 경험한다.

정서(감정)는 신체 반응과 관계있다. 정서를 생존을 위한 반응으로 보는 입장에 따르면, 특정 정서의 경험이 생존을 위한 적절한 행동을 위한 것으로 본다. 특정 상황이나 대상에 공포를 느꼈다면 빨리 그곳을 벗어나야 한다. 무언가를 보고 혐오감을 느꼈다면 빨리 그것을 치워야 한다. 다른 개체가 내 먹이를 탐을 낼 때 가만히 보고만 있으면 매번 먹이를 뺏기고 만다.

생존을 위한 기본 정서 외에도 사회적 교류와 의사소통을 위한 정서들도 있다. 사회문화적 관점에서 강조되어온 정서의 이러한 측면은 사회적 존재로서의 인간 생존에 지대한 영향을 미쳐 왔다. 내게 화를 내는 사람에게 나는 어떻게 대응해야 하는가. 그 사람이 누구고 나와 어떤 관계이며 지금이 무슨 상황인지에 따라 적절한 행동을 하지 않으면 결국 생존에 부정적 영향을 미치게 된다. 따라서 내가 느끼는 감정을 정확하게 이해하고 그에 따라 반응하는 것, 다른 이들이 표현하는 감정을 정확하게 이해하고 그에 따라 적절하게 행동하는 것은 매우 중요하다.

나의 감정 그리고 타인의 감정을 알려면 어떻게 해야 할까. 우선 나의 몸과 마음에 집중하는 훈련이 필요하다. 감정은 몸의 변화를 동반하기 때문이다. 최근 왠지 어깨가 자주 뭉친다면 근래에 긴장할 일이 있었다는 의미다. 그리고 소화가 잘되지 않거나 숙면을 취하지 못한다면 우울이나 불안의 신호다. 그래서 이러한 신호들에 집중하면서 감정이 어디서 비롯되었는지 차분히 생각해 보는 것은 무척 중요하다.

금방 알 수 있는 감정들도 있지만 무의식의 작용처럼 쉽게 알기 어려운 감정들도 있다. 그러한 감정은 인정하기 싫은 나의 어두운 면이나 마음이 떠난 연인처럼 받아들이기 싫은 현실에서 비롯된다. 하지만 그런 감정들 역시 충분히 시간을 갖고서 생각해 보아야 한다. 그래야 그 이후 어떤 행동을 할지 결정할 수 있다.

마지막으로, 느낌을 무시하지 말아야 한다. 우리 말로 흔히 찜찜하다, 쎄하다, 라는 감정들이다. 생존에 직접적인 영향을 미치는 감정도 아니요, 사회적 교류 상황에서 명확한 지침이 되는 감정도 아니지만 이들 감정을 무시하면 안 되는 이유는 그것들이 뇌에서 보내는 신호이기 때문이다.

감정을 느끼는 뇌의 부위는 변연계다. 변연계란 생명 유지를 담당하는 뇌의 중심부를 감싸고 있는 부위로 시상하부, 편도체, 해마, 핵 등의 기관들이다. 그 중에서도 편도체의 역할이 중요한데, 편도체는 눈, 코, 귀 등에서 보낸 정보를 일차적으로 처리하여 적절한 반응을 할 수 있게끔 해준다. 공포와 분노 등의 감정과 상대의 감정을 이해하고 반응하는 능력이 이 편도체에서 비롯된다. 따라서 명확히 말로 표현할 수는 없지만, 왠지 찜찜하고 '쎄한' 기분이 든다면 우리의 편도체가 뭔가를 감지했다는 신호일 가능성이 크다.

느낌은 수백만 년 인류 진화과정에서 얻게 된 빅데이터의 결과다. 이성적 판단이 필요한 일을 막연한 감으로 그르쳐서는 안 되겠으나, 사소한 느낌을 무시해서 좋지 않은 결과에 이르는 것도 피해야 하겠다.

#감정 #정서 #기분 #느낌 #기본정서 #사회적교류 #편도체 #빅데이터

35

열등감을 극복하고
자신의 우월성을 찾는 법

성(性)적 욕구를 중시한 프로이트와는 달리 아들러(오스트리아 출신의 의사로 프로이트, 융과 더불어 정신역동이론의 중요한 이론가다)는 인간에게 가장 중요한 욕구는 남보다 우월해지려는 욕구라고 생각했다.

인간이 남보다 우월해지려는 이유는 인간이 사회적 존재라는 점에서 찾을 수 있다. 수백만 년 동안 이어진 무리 생활의 결과 인간은 남보다 우월한 개체가 될 때 여러모로 생존에 유리하며 더 좋은 것들을 차지할 수 있다는 사실을 알게 되었다. 그러나 우월성의 욕구는 항상 충족될 수가 없다. 세상에는 어떤 면에서든 나보다 잘난 이들이 존재하기 마련이기 때문이다. 키가 아무리 커도 자기보다 키 큰 사람은 반드시 있기 마련이고, 내가 아무리 잘생기고 예뻐도 언젠가는 나보다 잘난 사람을 만나게 된다. 어렸을 때 천재 소리깨나 들어본 사람도 살면서 자기보다 더 머리 좋고 공부 잘하는 사람을 만난다. 이렇게 나보다 뛰어난 사람을 만나게 되면 기가 죽는다.

아들러는 이를 '기본적 열등감'이라고 했다. 누구나 우월해지고 싶지만 그렇지 못하기에 사람들은 늘 기본적 열등감을 가질 수밖에 없다는 것이다. 이런 점에서 보면, 기본적 열등감은 타인과의 비교를 통해 얻어지는 상대적 박탈감과 유사하다.

인간은 어떻게든 열등감을 극복하고 우월성을 획득하려는 욕구가 있다. 아들러는 이러한 우월성 추구 방식을 '생활양식'(life style)이라고 명명했다. 사람마다 생활양식은 다르다. 개인마다 느끼는 열등감도 다르고 우월하다고 생각하는 지점도 다르다. 자신의 우월성이 외모에 있다고 생각하는 사람은 외모를 가꾸고 드러내는 방향으로 행동할 것이고, 지적인 면이라고 생각하는 사람은 자신의 지적 능력을 타인과 구

한민의 심리학의 쓸모

별하려 들 것이다.

아들러는 이를 다시 긍정적 생활양식과 부정적 생활양식으로 구분했다. '긍정적 생활양식'은 자신의 우월성을 추구하면서도 사회와 다른 이들에게도 도움이 되도록 하는 것을 말하고, '부정적 생활양식'은 우월성을 추구하지만 다른 이들에게는 피해를 주거나 열등감에 사로잡혀 결국에는 우월의 욕구를 포기하는 경우를 말한다. 따라서 긍정적 생활양식을 발달시키려면 사회적 관심이 필요하다. 우월성을 추구하는 일이 다른 사람의 권리를 침해하지는 않을지, 공공의 이익에 해가 되지는 않을지 따져봐야 하고, 나를 위한 일이 동시에 사회와 다른 이들을 위한 일일 수 있는 방법을 고민해야 진정한 우월성에 도달할 수 있다.

가장 우선되어야 할 일은 자신의 열등감을 인정하고 이를 극복할 의지를 갖는 것이다. 열등감에서 벗어나지 못하면 우월성 추구는 불가능하다. 자신의 열등감을 인식하지 못하면 무엇을 위해 살아야 할지 알지 못하는 상태로, 막연하고 허황된 우월성만 좇게 된다. 따라서 아들러는 자신의 열등감을 인식하고 이를 받아들일 용기가 필요하다고 주장했다. 아들러를 '용기의 심리학자'라 부르는 이유가 여기에 있다. 자신의 못난 점, 부족한 점을 인정하고 수용하기는 쉽지 않다. 그렇기에 아무나 할 수 있는 일이 아니다. 오직 용기 있는 사람만이 자신의 열등감을 바로 보고 그것을 성장의 동력으로 바꿀 수 있다. 또한 자신이 선택한 길을 가며 타인의 시선이나 사회적 조건 등을 이겨낼 용기 역시 필요하다. 인간은 사회적 존재이기에 자신이 속한 사회와 문화, 그 안에 사는 다른 사람들의 평가를 중요하게 생각한다. 그러나 타인의 시선과 주어진 상황만을 생각하다 보면 자신의 삶을 살 수 없다. 때에 따라서는 사회적으로 권장되지 않거나 좋지 않은 평가를 받는 일도 해야 한다.

　나 자신을 바로 보게 하는 용기, 타인의 시선을 무릅쓸 수 있는 용기는 바르게 설정한 삶의 의미, 즉 목적에서 나온다. 사람은 목적을 가질 때 자신의 삶을 살 수 있으며, 자신의 삶을 살기 위한 용기를 낼 수 있다.

#아들러 #개인심리학 #우월성의욕구 #기본적열등감 #생활양식

36

고착된 욕구에서
벗어나는 법

고구마 스틱은 한동안 내 최애 간식이었다. 고속도로 휴게소만 가면 홀린 듯 고구마 스틱을 사 먹곤 했다. 그러나 내가 왜 그걸 좋아하는지는 알 수 없었다. 내가 처음으로 고구마 스틱을 봤을 때는 여섯 살이나 일곱 살 쯤이었다. 카바이트 불빛에 노랗게 빛나던 고구마 스틱은 어린아이의 마음을 온통 빼앗아 놓았다. 하지만 어머니는 고구마 스틱을 사주지 않으셨다. 그렇게 집으로 돌아왔고 고구마 스틱은 곧 잊혔다. 아니 잊혀졌다고 생각했다, 스물다섯 살도 넘은 어느 날 전까지는. 그러던 어느날 친구가 말을 해줘서 알게 되었다. 고속도로 휴게소에서 간식을 사 먹던 중이었다. "넌 왜 고구마 스틱만 먹어?" "내가?" 그순간 그날의 영상이 눈앞을 스쳤다. 까맣게 어두운 밤. 노랗게 빛나던 카바이트 불빛 아래 반짝거리던 고구마 스틱. 그렇게 욕망은 한 아이의 마음속에 깊이 숨어 있었다.

이 이야기를 들은 아내는 어느 날 동네 장터에서 고구마 스틱 한 자루를 사왔고, 나는 그 후로 한 달 반쯤 시도 때도 없이 고구마 스틱을 먹어야 했다. 밥 먹고 나서 간식으로, 일하다가, TV보다가, 먹어야 했다, 라고는 말하지만 아주 기쁜 마음으로 먹었던 것 같다. 한 자루의 고구마 스틱이 사라진 뒤 어느 날. 고속도로 휴게소에서 여느 때와 같이 고구마 스틱을 사려는데 불현듯 다른 간식들이 눈에 들어오는 게 아닌가. 마치 이전까지는 세상에 존재하지 않았던 것처럼. 그렇게 나는 새로운 간식의 세계에 눈을 떴고 보다 다양한 삶을 즐기게 되었다.

이 이야기는 정신역동이론의 '고착'과 '퇴행'이라는 개념을 잘 설명한다. 고착이란 충족되지 못한 욕구에 붙잡혀 있다는 뜻이며, 퇴행이란 그 욕구로 되돌아간다는 의미다. 어떤 욕구에 고착되면 다른 것들이 눈에 들어오지 않는다. 목마른 사람이 물 이외의 것을 생각할 수 없듯이 말이다.

고구마 스틱처럼 쉽게 해결되는 욕구라면 상관이 없지만 그렇지 않을 때는 문제가 된다. 해결되지 못한 욕구에 붙들려 있다 보면 정작 해야 할 일을 제대로 하지 못하게 될 뿐만 아니라, 사회에 해악을 끼칠 수도 있으며, 본인의 정신 건강에 악영향을 줄 수도 있다. 따라서 고착된 욕구는 어떤 방식으로든 충족되어야 한다.

고착된 욕구는 어떻게 찾을 수 있을까? 일단, 고구마 스틱의 예처럼 반복적으로 하는 어떤 일이 있는데, 왜 하는지 이유를 모른다면 고착된 욕구 때문일 수 있다. 그 행동을 하지 않으면 어딘가 허전하고 아쉬운 느낌이 들고 그러다 보면 자신도 모르게 그 행동에 의존하게 된다. 게임이나 SNS에 고착되는 종류의 욕구는 인정 욕구일 가능성이 크다. 사람은 타인의 인정을 필요로 한다. 그러나 누구나 원하는 만큼 인정과 존경을 받을 수는 없다. 그래서 들인 노력만큼 상대적으로 쉽게 인정 욕구를 충족할 수 있는 게임이나, 과장된 모습으로 자신을 포장하기 용이한 SNS가 그 대안으로 선택된다.

고착된 욕구는 또한, 실패와 좌절을 겪었을 때 하게 되는 행동과도 관련 있다. 우리 주변에는 10년이 넘게 국가고시 준비를 하거나 대학 졸업한 지 수십 년이 지나 다시 수능을 치르는 사람들 이야기가 있다. 그들이 그러한 행동(고착된 욕구로의 퇴행)을 하는 이유는 자신의 성공과 행복은 국가고시의 합격 또는 좋은 대학의 간판에 달려 있다고 믿기 때문이다.

특정 욕구에 고착되어 있다는 뜻은 현실에서 멀어지게 된다는 의미다. 고구마 스틱에 고착된 내가 다른 간식의 존재를 의식하지 못했듯 몸은 현실에 있지만 마음은 딴 곳에 있는 것과 같다. 이런 상태로는 놓치며 살아가게 되는 것이 많아질 수밖에 없고 그 결과는 또 다른 고착과 퇴행을 낳게 된다.

무의식적으로 의존하고 있는 행동에서 그리고 고착된 욕구에서 벗어나는 길은 현재에 집중하는 것이다. 어디에서 무엇을 하고 있는지 혼란스러운 느낌이 들 때면 내가 맡은 역할, 해야 할 일, 이루어야 할 목표, 주위에 있는 사람들을 떠올려 보자. 현실에 집중하라는 말이 욕구를 무시하라는 뜻은 아니다. 욕구를 충족할 방법을 찾되 현실에서 찾자는 얘기다.

#고착 #퇴행 #욕구충족 #Here&Now #집착

한민의 심리학의 쓸모

37

감정을 이해하고
관리하는 법

사람은 감정을 가진 존재다. 그런데 살아가다 보면 감정을 느끼고 표현하는데 점점 둔감해진다. 사회생활이라는 것이 개인의 감정을 있는 그대로 표현하기 힘들게 만들기 때문이다.

대표적으로 '성 역할 사회화'라는 과정이 있다. 대부분의 사회는 예로부터 남녀의 역할을 다르게 설정해 왔다. 전근대 시기에는 그편이 생존 및 사회 유지에 유리했다. 키가 크고 힘이 센 남성들은 사냥이나 전쟁 등 위험하고 극한의 신체적 힘이 요구되는 일을 해 왔으며 상대적으로 작고 힘이 약한 여성들은 채집과 육아, 공동체 관리 등을 맡아왔다. 그래서 다양한 사람과 상호작용하며 아이들을 돌봤던 여성들은 자신과 타인의 감정에 민감하며 이를 적절하게 표현할 줄 아는 습관을 갖게 되었다. 반면 힘과 명령 체계가 우선하는 남성에게는 감정을 느끼고 표현하는 일이 그다지 권장되지 않았다. 따라서 전통적인 성 역할이 강한 사회의 남성일수록 감정에 서툰 경향이 나타난다. 남자들은 어릴 적부터 '남자는 살면서 세 번 운다'는 식으로 감정을 억제하는 훈련을 받았다. 그러나 현대 사회에서 감정에 어려움을 느끼는 것은 남성들뿐만이 아니다.

현대 사회가 요구하는 사회적 역할은 개인의 감정에는 관심이 없다. 하루종일 직장에서 주어진 업무를 하다 보면 기분을 느낄 여유조차 찾기 어렵거니와 늘 웃으며 고객을 대해야 하는 서비스 업종에 있는 이들은 본인이 느끼는 감정과 표현해야 하는 감정이 달라 혼란을 겪기도 한다. 불안한 미래 때문에 고민이 많은 청년들이나 입시에 내몰린 학생들, 은퇴 후 고립된 노인들 역시 감정을 느끼고 표현하기가 어려운 이들이다. 그러나 인간에게 감정은 대단히 중요하다. 감정은 경험에 대한 신체적 반응이다. 인간은 자신이 경험한

한민의 심리학의 쓸모

것을 이해할 수 있어야 하고 그에 대해 의미를 부여할 수 있어야 자신의 경험을 통합할 수 있다. 그래서 내가 느끼는 감정을 이해하고 적절히 표현하는 것은 나답게 나로서 사는 자기실현의 선행 조건이다. 하지만 감정에 익숙지 않은 이들은 어떻게 느끼고 그것이 무엇인지 아는 것이 쉽지 않다. 그런 이들은 다음의 몇 단계를 기억하고 연습해 보자.

가장 먼저, 자신에게 집중할 시간을 내자. 학교나 직장에서의 바쁜 생활 때문에 밤에는 지쳐서 시간 내기가 어렵겠지만 자신을 위한 시간은 꼭 필요하다. 오늘 있었던 일과 만났던 사람을 떠올리면서 그때 했던 생각과 느낌들을 되새겨보자. 왜 그런 생각이 들었고 왜 그런 느낌이 들었는지 그 이유와 자신의 상태를 연관 지어서 생각하다 보면 자신의 감정에 다가갈 수 있다. 이때 중요한 점은 익숙하지 않은 새로운 느낌을 두려워하지 말라는 것이다. 어둡고 불쾌한 느낌이더라도 그 근원을 따라가 보는 경험은 반드시 필요하다.

내 감정의 정체를 알았으면 다음에는 그것을 표현하는 방법에 대해 생각해 보자. 느낀 감정을 모두 표현해야 하는 것은 아니며 또 그럴 수도 없다는 점을 명심하자. 사람은 사회적 동물이고, 때와 장소에 따라 표현이 제한되는 감정과 행동은 존재한다. 따라서 어떤 감정을 어디에서 얼마만큼 어떻게 드러내야 하는지는 상당한 주의와 기술이 필요하다. 그렇다고 감정 표현을 무조건 제한해야 한다는 뜻은 아니다. 좋으면 좋다고, 싫으면 싫다고, 화가 나면 화가 난다고, 억울하면 억울하다고 말해야 한다. 다만 그 방식이 적절해야 한다. 상황이 좋지 않으면 잠시 참았다가 표현하는 지혜를 발휘할 필요도 있다. 그런 다음 나중에라도 자신의 감정을 표현하는 것은 중요하다.

마지막으로, 감정은 가능하면 끝까지 분출하는 것이 좋다. 카타르시스 즉, 배설 효과를 위해서다. 미처 다 빠져나가지 않은 감정의 찌꺼기들은 혈관 속의 노폐물처럼 건강에 악영향을 미친다. 변비에 관장이 필요하듯이 그리고 막힌 배관에 특별한 처치가 필요하듯이 쌓인 감정의 분출에는 특별한 조치가 필요하다. 바로 어떤 감정을 극한까지 표출하는 것이다. 눈물 쏙 빼는 슬픈 영화를 보거나 웃다가 숨이 막힐 것 같은 코미디 프로를 보는 방법도 있다. 마음 맞는 친구들과 밤새 울고 웃으며 이야기를 나누는 것도 좋다. 묵은 감정이 빠

져나간 자리에는 상쾌한 에너지가 샘솟는다. 이 모든 과정은
자신의 감정을 인지하고 받아들이는 일에서 시작한다.

#감정 #인식 #표현 #훈련 #카타르시스

38

삶의 의미를
찾는 법

 사람은 언제 가장 불행할까. 돈이 없을 때? 원하는 직장에 취업을 못했을 때? 사랑하는 이와 헤어졌을 때? 모두 겪기 싫은 일들이긴 하지만 정답은 사는 이유를 찾을 수 없을 때다. 사람들은 대학을 가고 취업을 하고 돈을 벌지만 그래야 하는 이유를 모르고 하는 이들도 많다. 남들이 하니까, 돈을 벌어야 하니까, 행복해지고 싶어서. 우리는 누구보다 열심히, 꾸준히, 없는 시간을 쪼개가며 최선을 다해 살지만 사는 이유를 모른다면 언제든 '현타'(현실 자각 타임)는 찾아올 수 있다.

 인간은 의미를 찾는 존재다. 자신이 한 행위에서 의미를 찾는 것은 호모 사피엔스의 특징이다. 사람들은 때때로 왜인지도 모르지만 결정부터 하고 나서 의미를 찾기도 한다. 자신이 한 행위에 의미를 부여하기 위해서라면 생존과 번식에 하등 도움되지 않는 행동도 스스럼없이 저지른다. 매년 수백 명의 사람들이 절벽이나 고층빌딩에서 셀카를 찍다가 떨어져 죽는다는 사실은 인간은 의미를 찾는 존재라는 것을 웃프게 방증한다.

인간에게 의미가 중요하다는 사실이 조명되기 시작한 지는 그리 오래되지 않았다. 20세기 초중반, 무슨 무슨 주의와 사상을 놓고 네가 틀렸니 내가 옳으니 그렇게 죽고 죽이던 사람들이 정작 자신들의 삶에는 의미가 없다는 사실을 깨닫기 시작했다. 시대와 집단의 가치에 따라 죽고 사는 것이 결정되던 것에서 회의를 느낀 개인들은 스스로 삶의 의미를 찾기 시작했다. 이러한 생각을 철학에서는 실존주의(인간의 존재 이유를 탐구한 철학의 한 분파)라고 한다.

실존주의적 생각이 반영된 심리학적 접근을 '인본주의 심리학'이라고 한다. 대표적인 인본주의 심리학자 빅터 프랭클은 2차 세계대전 당시 악명높은 아우슈비츠 수용소에서의 생존 경험을 바탕으로 '로고 테라피' 즉, '의미치료'를 제안했다(현재의 문제 원인을 의미 상실에서 찾고, 미래에 이루어야 할 의미 있는 과제를 통해 답을 찾는 상담기법). 프랭클은 가혹한 노동과 부족한 식사, 죽어가는 동료들, 살아날 희망이 없다는 절망 속에서도 희망을 품고 살아가는 사람들에 주목했다.

그들은 '살아야 할 이유'가 있는 이들이었다. 아내와 자식을 다시 만나고 싶다는 사람, 부모님께 사랑한다는 말을 전하고 싶다는 사람, 친구에게 빌린 돈을 갚아야 한다는 사람 등. 그곳에서 발견한 사실을 바깥 세상에 있는 사람들에게 알려야 한다는 사명감은 프랭클이 찾은 의미였다.

프랭클의 주장은 사람은 주어진 환경과 자극에 수동적으로 반응하지 않는다는 사실에서 출발한다. 이 부분이 사람을 자극에 대해 반응하는 존재로 보는 행동주의 심리학과 다른 점이다. 물론 환경과 조건에서 완전히 자유로울 수는 없다. 죽음의 수용소라는 이름처럼 아우슈비츠에서는 많은 이들이 절망 속에 죽어갔다. 하지만 삶에서 의미를 찾을 수 있었던 사람은 어떠한 환경과 조건도 극복해냈다. 따라서 삶에 있어서 가장 우선되는 과제는 삶의 이유, 의미를 찾는 것이다.

그러면 삶의 의미는 어떻게 찾아야 할까. 실존주의 철학

한민의 심리학의 쓸모

에서는 개인 스스로의 몫이라고 했다. 각자가 중요하다고 생각하는 지점이 다르니 삶의 의미는 개인마다 다를 수밖에 없다. 하지만 심리학은 개인들이 선택할 수 있는 행동의 범위를 알려준다는 장점이 있다. 요약하자면 '통제감', 삶에서 내가 할 수 있는 일을 늘리는 것이다. 내가 할 수 있는 일들은 아무래도 해봤던 일, 잘하는 일, 좋아하는 일 중에 있기 마련인데, 이러한 일들에 집중하다 보면 의미와 재미를 동시에 얻을 수 있다는 것이다.

『성공하는 사람들의 7가지 습관』의 스티븐 코비는 '내면의 날씨에 집중하라'라고 조언한다. 바깥 날씨는 내가 어떻게 할 수 있는 것이 아니다. 날이 춥다고, 흐리다고, 비가 온다고, 불행을 생각하고 절망한다면 내 상태는 그야말로 외부 조건에 의해 결정될 수밖에 없다. 내가 통제할 수 있는 영역에 집중하고 그 영역을 늘려가는 습관이야말로 삶에서 의미를 찾고 삶의 주인이 될 수 있는 지름길이다.

#인본주의심리학 #빅터프랭클 #로고테라피 #통제감 #내면의 날씨

39

자기를
발견하는 법

'자기'(self)란 무엇일까? 자기가 뭔지 알아야 발견을 하든지 할 텐데 처음부터 막히는 기분이다. 심리학에서 가장 모호한 개념이 바로 자기, 'self'다. self는 self라는 말을 일상 언어로 쓰고 있는 문화권에서 유래된 개념이다. 우리말로는 자기(自己)로 옮기기 때문에 나(me)에 대한 개념이구나, 하는 느낌은 오지만 self라는 말 자체가 없는 우리 관점에서는 이 개념을 정확하게 이해하기 어렵다.

우리말에서 '나'는 행위자이든 대상이든 어떤 경우에도 그냥 '나'다. 그러나 영어에서 I는 행위자로서의 나를, me는 대상(목적격)으로서의 나를 의미하며, myself는 스스로의 행위

한민의 심리학의 쓸모

를 강조하는 의미가 있다. 따라서 self는 나의 다양한 측면 '행위의 주체'로서의 모습이 강조된 개념이라 할 수 있다.

심리학에서 self가 중요한 이유는 self에서 개인의 행동이 비롯되기 때문이다. 심리학에는 self-esteem(자존감), self-control(자기통제), self-efficacy(자기효능감), self-resilience(자기탄력성) 등 self와 연결된 개념들이 많다. 모두 자기 인식에 따른 개인의 행동 차이를 연구하기 위한 개념들이다. 그러나 정작 self에 대한 합의된 정의는 존재하지 않는다. 윌리엄 제임스, 쿨리, 페스팅거, 히긴스 등등의 학자들이 self에는 여러 측면이 있으며, 다른 사람들과의 관계에서 구성된다는 정도만 밝혔을 뿐, 구체적으로 어떤 측면들이 있고, 어떻게 구성되며, 그 안에 무엇이 있는지 언급하지는 않았다.

self가 심리학에서 가장 중요한 개념임에도 불구하고 연구는 별로 없는 이유는 심리학에는 인간을 보는 수많은 관점이 있기 때문이다. self는 행위의 주체라고 요약할 수 있지만, 인간의 행위는 유전자와 뇌에서 기인한 것일 수도 있고, 무의식에서 나온 것일 수도 있으며, 연합과 강화의 결과 또는 사회적 맥락과 문화에서 비롯된 것일 수도 있다. 따라서 심리학에는 self에 대한 수많은 정의와 학설들이 존재한다. 또 하나, 어찌 보면 가장 중요한 이유는 self라는 것이 사람마다 다르다는 이유도 있다. 개개인이 타고난 기질, 살아온 환경, 경험한 것, 생각하는바, 바라는 목표 등은 같을 수가 없다. 그래서 self 즉, 자기는 자기 자신이 찾아야 한다.

심리학에 나오는 self에 대한 수많은 이론들을 알 필요는 없다. self라는 개념에 대해서는 그것이 '내가 행동하는 이유'라는 점만 기억하고 있으면 된다.

이제 직접 자기(self)를 찾아보자. 예전에는 왜 그런 행동을 했으며, 지금은 왜 이런 행동을 할까, 앞으로는 어떤 행동을 하고 싶은가, 등등의 질문에 내(self)가 있다. 예를 들어 나는 책 읽기를 좋아했으며 지금도 읽고 쓰는 걸 즐긴다. 앞으로도 그런 삶을 살고 싶다. 그렇다면 나(self)는 그런 사람인 것이다. 읽고 쓰는 것으로 나를 표현하는 삶이 나의 자기실현이다. 그러나 self(나)는 고정되어 있지는 않다. 지금 인식하는 내가 앞으로 불변하는 나의 모습은 아니라는 것이다. 살면서 몰랐던 나의 모습을 발견하거나 인정하기 싫은 나를 보게 되는 건 흔한 일이다.

그리고 사람이 쉽게 바뀌지 않는다고 하지만 나의 의지와 목적에 따라 바뀔 수도 있다. 예를 들어, 나는 단란한 가정을 꾸리고 싶어 사랑하는 사람과 결혼해 예쁜 아이들을 낳았다. 하지만 아이들을 키우면서도 혼자 있고 싶고 어디 조용한 곳으로 가서 책 읽고 글 쓰고 싶은 나를 만난다. 책 읽고 글 쓰는 나도 나(self)고, 좋은 남편, 좋은 아빠가 되고 싶은 나도 나(self)다. 그래서 나는 그 둘을 같이 하기로 한다. 어렵고 힘든 순간들이지만 그 선택이 있었기에 나로서, 나다운 삶을 살 수 있다고 생각한다.

같은 선택지를 두고 다른 선택을 하는 이들도 있을 수 있다. 어느 한 쪽을 포기할 수도 있고, 제3의 선택을 할 수도 있다. self는 자기만의 것이기에 정답은 있을 수 없다. 중요한 것은 내가 누구인지를 끊임없이 탐색하고 새로운 나의 모습을 받아들이며 나다운 삶을 사는 것이다.

#자기 #self #자기발견 #나다운삶 #자기실현

40

자기를 실현하는
두 가지 방법

자기를 실현하려면 먼저 자기를 알아야 한다. 그것이 순서에 맞다. 하지만 많은 사람들이 자기가 누군지도 모르면서 자기실현을 추구한다. 그리고 그 결과는 자기계발 서적 몇 권을 읽고, 영어 학원이나 헬스장을 끊는 것으로 귀결된다. 이는 진정한 자기실현이 아니다.

어떻게 하면 자기를 알 수 있을까? 자기(self)는 보통 '나'를 의미하므로 내가 나를 아니까 그냥 알고 있는 것이 아닐까? 안타깝지만 그렇게 간단하지가 않다. 심리학은 워낙 덩치가 크고 여러 가지 관점의 수많은 이론과 학자들이 있기 때문에 혼동되는 개념들이 많을 수밖에 없는데, 특히 자기(self)와 관련된 개념들은 더하다.

그만큼 자기라는 개념이 중요하기도 하고 그만큼 다양한 측면이 있기 때문이기도 하다. 게다가 우리말에는 self에 대응하는 말이 없어서 더 이해하기 어려운 부분도 있다. 그러나 자기실현이라는 말은 늘 우리를 설레게 한다. 자기실현은 삶의 중심이 점점 더 개인으로 옮겨오는 이 시대에 중요한 삶의 목표다.

심리학에는 자기실현이라는 개념이 두 종류가 있다. 하나는 '자기실현' '자아실현' 등으로 혼용되어 번역되는 매슬로우의 욕구위계이론에 나오는 'self-actualization' 개념이고, 또 하나는 'individuation'으로 '개성화'라고도 번역되는 정신역동이론으로 융의 개념이다.

매슬로우의 자기실현(self-actualization)은 자기의 잠재력 또는 가능성을 실현한다는 의미에 가깝다. 그래서 이 관점에서의 자기발견은 어려운 환경에서 태어나 그동안 드러나지 않았던 특별한 능력이나 창조적 에너지를 찾아내는 것을 말한다. 그리고 능력과 에너지를 현실화하는 것을 말한다.

융에게 있어 자기실현(individuation)은 개인(individual)의 개

인성(individuality)을 실현하는 것으로 self가 아니라 'individual'이라는 용어를 쓴다. 이는 다른 사람들과 구별되는 존재로서의 자신을 뜻한다. 따라서 융의 자기실현은 나답게 사는 것이다.

자기발견법은 이 두 가지 의미에 따라 약간 다르다. 우선 매슬로우가 말하는 잠재력이나 가능성, 진정 이루고자 하는 가치를 발견하는 자기발견을 위해서는 다양한 경험이 필수적이다. 뭐든 많이 해봐야 내가 가진 능력과 한계치를 알 수 있다. 그래서 자기실현을 원하는 사람은 해보지 않은 일, 새로운 도전에 열려 있어야 하고, 해보다가 안 되면 멈출 줄도 알아야 한다. 자기 능력으로 안 되는 지점을 찾는 것도 자기발견의 일종이기 때문이다.

융의 자기실현, 개성화의 경우에는 실현해야 할 자기가 잠재력이나 가능성이 아닌, 자기 본연의 모습을 뜻한다. 나에게 내재되어 있지만 어떤 이유에서든 드러나지 않은 나를 포함한 개념이다. 물론 잠재력 같은 것도 있을 수 있지만 이 경우에는 긍정적인 면보다 부정적인 측면이 더 강조된다. 우리가 평소에 지각하는 '나'는 사회적으로 바람직하다고 여겨지는 모습으로 예의 바르고 도덕적이며 자신의 역할에 충실하다. 하지만 융은 이런 모습을 페르소나, 가면이라 칭했다. 가면 뒤에는 바깥에 드러낼 수 없는 추악하고 위험한 또는 부끄럽고 인정하고 싶지 않은 자기 모습이 있다. 이 모습이 진짜 나를 찾는데 꼭 필요하다는 것이 융의 주장이다. 융은 자신의 이런 어두운 측면을 그림자(shadow)라고 했다.

융에게 자기실현이란 자기 내면의 그림자와 마주하고 그 것을 자기로 받아들이면서 본연의 나로 살아가는 과정이다. 그러기 위해서는 용기가 필요하다. 나는 생각보다 능력이 없고 더 찌질하며 심지어 입 밖에 내기 힘든 지저분한 상상도 하는 사람이다. 그런 부분을 입 밖으로 낼 필요까지는 없지만, 의식적으로 떠올리고 직면하며 그 이유를 생각해 보고 또 다른 내가 될 수는 없는지 생각해 보는 것이다.

또 다른 나, 달라진 내가 되고 싶은 나 또한 나의 모습이며, 그러한 모습을 발견했다면 변화의 노력을 기울일 것이다. 인정하기 싫은 모습이라 하여 부정과 억압으로 억누르고 거짓과 허세로 가리는 삶을 '나답다'고 생각하지 않을 거라면.

#자기 #self #자기발견 #나다운삶 #자기실현

41

불필요한 원망에
빠지지 않는 법

프로이트는 무의식의 중요성을 강조하며 자신의 연구를 '정신분석'(정신역동이론)이라 이름 지었다.

인간의 정신은 의식과 무의식으로 이루어져 있는데, 의식은 빙산의 물 뒤에 뜬 부분과 같고 무의식은 대부분 물 밑에 가라앉아 있다. 사람들이 평소 알 수 있는 영역은 의식이고 무의식은 아무리 노력해도 알 수 없는 부분이다. 그리고 인간은 무의식의 영향으로 행동하게 된다.

프로이트에 따르면, 무의식은 억압된 욕구에서 발생한다. 프로이트는 인간의 마음 안에는 원초아(id)와 초자아(superego), 자아(ego)가 있다고 가정하였다. 원초아는 욕구,

초자아는 내면화된 법이나 도덕을 의미하며, 자아는 이들 사이에서 인간의 행동을 조절하는 역할을 한다(앞 쪽에서 고속버스에서의 OO 얘기를 하면서도 이 개념을 설명한 적 있다).

원초아와 초자아의 웬만한 갈등은 자아가 잘 해결하지만 문제는 그 갈등이 웬만하지 않을 때다. 아무리 해도 어떤 욕구를 충족할 수 없을 때, 그 욕구를 충족하는 것이 허락되지 않을 때, 사람들은 불안해지고 불안에서 벗어나기 위해 방어기제를 작동시킨다. 대표적인 방어기제인 억압을 통해 해결되지 않은 욕구는 무의식으로 보내진다.

정신역동이론은 검증이 어렵고 과학적 연구가 불가능하다는 이유로 심리학에서는 크게 받아들여지지 않고 있지만, 아동발달이나 정신 병리에서는 중요한 이론으로 활용된다. 상담이나 정신의학에서는 특히 우울, 불안 등의 문제에 접근하기 위해 내담자의 유아기 기억, 부모와의 관계 등을 본다. 어린 시절 아이의 욕구를 조절하는 역할은 주로 부모가 맡기 때문이다.

그런데 이 정신역동이론의 해석에는 위험성이 따른다. 현재의 문제를 해결하고자 과거로 돌아갈 때, 떠오르는 것은 어린 시절 겪었던 경험이나 잊히지 않는 감정들로 어떤 사건의 기승전결 전체가 기억나는 것이 아니라 단편적인 인상이나 감정인 경우가 대부분이다. 그래서 자칫하면 현재의 문제를 모두 그러한 경험에 귀인해 버리게 될 수 있다.

내가 지금 불안하고 자존감이 높지 않은 이유가 옛날에 우리 부모가 나를 그렇게 키웠기 때문이라고 생각하면, 부모님에 대한 원망과 분노가 찾아온다. 이때 잊고 있었던 섭섭하고 화났던 기억들까지 죄다 떠오르면서 감정이 격앙되기도 한다. 전문가들은 내담자의 이러한 감정을 조절하고 치료에 도움되도록 정신역동이론을 이용할 수 있지만 그렇지 않을 때는 문제가 발생한다.

심리학 공부를 막 시작했거나 훈련이 덜 된 사람이 정신역동이론을 잘못 적용하면 부정적 감정들을 조절하지 못하고 분노와 슬픔, 우울에 빠지거나, 사태의 원인을 직접 해결하고자 부모님께 따지러 가는 경우가 발생한다. 하지만 부모님이 심리학을, 그것도 정신역동이론을 공부한 분이 아니라면, 수십 년이나 지난 일로 갑자기 찾아와서 사과를 요구하는 자식을 이해해 줄 리가 만무하다.

한민의 심리학의 쓸모

또한 과거의 부모도 나름의 어떤 상황이 있었을 가능성이 있다. 처음부터 완벽한 부모란 없다. 아이가 어릴 때라면 부모 역시도 자신의 커리어나 사회적 역할 때문에 한창 바쁜 시기이다. 기껏해야 "그땐 바빠서 그랬다. 그럴 의도는 없었다. 그걸 아직도 기억하고 있니?" 정도의 반응을 듣게 될 확률이 높다. 이런 식의 반응은 한참 분노가 올라온 이들에게 오히려 불난 데 부채질하는 꼴이 된다. 심한 경우에는 부모님과의 관계가 끊어지는 일도 발생한다.

필자는 이런 경우를 '주화입마'(走火入魔)라고 부른다. 심리학 용어가 아니라 무협지에 나오는 용어인데, 아직 내공이 충분하지 않은 사람이 무리해서 높은 무공을 사용했을 때 나타나는 부작용을 일컫는 말이다. 전문가가 아닌 사람이 얕은 이해로 정신역동이론을 사용해 자신의 경험을 해석할 때 생길 수 있는 부작용을 설명하는데 딱 안성맞춤인 말이다.

상담이나 정신의학에서 내담자의 과거를 분석하는 것은 현재의 치료를 위함이다. 내담자(또는 정신역동이론을 자신에게 적용하려는 이)는 지금 그리고 여기(Here and Now)에 서 있는 사람이다. 정신분석은 나의 문제의 원인을 파악하기 위해서는 유용하지만 사람은 결국 현재를 살아가야 하는 존재라는 사실을 잊어서는 안 된다.

#정신역동이론 #정신분석 #주화입마

성숙함과 지혜를 얻고 싶다면

42

자아 통합을 위해
꼭 가져야 하는 습관

'생각하고 행동하지 않으면 행동한 대로 생각하게 된다.'

어디선가 한 번쯤 들어본 문장이다. 이 말에는 삶의 자세에 대한 뜻밖의 교훈이 담겨 있다. 사회는 각자의 역할에 충실한 수많은 사람들에 의해 굴러간다. 자신의 역할에 충실하다 보면 즉, 내게 맡겨진 일을 반복하다 보면 내가 하는 일의 이유 같은 건 점점 생각하지 않게 된다. 어느덧 자동화가 된다.

이 같은 습관화는 적응을 위해 꼭 필요한 일이다. 일에 익숙해진다는 것은 그 일을 하는데 들었던 시간과 노력을 절약할 수 있다는 뜻이 된다. 새 직장에 처음 출근하던 날의 불안과 초조가 몇 년이 지나도록 계속된다면 병원을 찾아가 봐야 할 일이다. 그러나 지나친 익숙함은 좋지 않다. 사람들은 자신의 행동을 정당화하려는 경향이 있기 때문이다. 이를 설명하는 심리학적 원리는 '인지부조화'다. 인지부조화는 심리학자 레온 페스팅거(미국의 심리학자로 사회비교이론과 인지부조화 이론 등을 제안하였다)의 실험에서 비롯된 개념으로 태도와 행동이 일치하지 않을 때 발생하는 부조화스러운 느낌을 말한다.

페스팅거는 매우 지루하고 재미없는 과제를 마친 대학생들에게 방금 한 과제가 '재미있었다'고 말하게 하고 그 댓가로 한 집단에는 1달러를, 한 집단에게는 20달러를 주었다. 며칠 후, 두 집단의 대학생들에게 그때 그 과제가 재미있었느냐고 묻자 상반된 대답이 나왔다. 더 많은 돈(20달러)을 받은 학생들이 과제가 재미있었다고 응답할 것이라는 기대와는 달리, 1달러밖에 받지 못한 학생들이 지루한 과제를 재미있었다고 기억했다. 이와 같은 결과가 나타난 이유는 태도와 행동의 일관성 때문이다.

사람들은 어떠한 대상에 대한 자신의 태도와 행동을 일치시키려는 경향이 있다. 과제가 재미없다는 자신의 태도에 반대되는 대답을 한 학생들은 불편감(인지부조화)이 발생했고,

한민의 심리학의 쓸모

이 불편함을 없애기 위해 이미 해 버린 행동(과제가 재미있었다는 대답)에 자신의 태도를 맞춘 것이다. 그런데 1달러를 받은 학생들에게만 이런 일이 일어나고, 20달러를 받은 학생들은 그렇지 않은 이유가 뭘까? 이유는 20달러라는 돈이 자신의 태도와 다른 대답을 하는 데 대한 충분한 보상이 됐다고 생각하기 때문이다. 지금 시세로도 1천 원에 비하면 2만 원은 충분히 큰돈이다. 며칠 전에 했던 과제를 재미있었다고 말하는 정도의 일은 대부분의 사람들에게 만 원이면 충분하다.

이처럼 이미 해버린 행동에 자신의 태도를 맞추려는 경향은 '합리화'라는 말로 설명할 수 있다. 합리화는 정신역동이론에서 말하는 방어기제 중 하나로, 자신의 행동을 용납할 수 없을 때 이를 받아들이고자 무의식 차원에서 사용하는 것을 말한다.

합리화는 특히 자존감 유지와도 관련이 있다. 평소에 자기가 잘났다고 생각하는 사람은 자신이 잘못된 행동을 했다는 사실을 인정하려 들지 않는다. 그래서 이미 해버린 행동을 정당화할 가능성이 크다. 이런 이유로 사람들은 자신이 한 일을 정당화하면서 살아간다. 그런데 그러다 보면 나는 옳고 다른 이들은 틀렸으며 나아가 세상은 (내가 잘 알고 있는) 공정한 원칙에 의해 돌아간다는 믿음에까지 도달한다. 이른바 '공정한 세상에 대한 믿음'이다.

이런 생각은 가난한 사람은 노력을 안 해서 가난하고, 성범죄 피해를 본 여성은 자기가 그럴 만한 이유를 제공했기 때문이다, 라는 식으로 우리 주변에서 가끔 보이는 끔찍한 꼰대들의 사고방식과 같다. 다시 말해, 어떠한 행동을 하기 전에 내가 그 행동을 하는 이유에 대해 깊이 생각해 보지 않으면, 내가 별 생각 없이 한 행동이 내 생각을 만들게 된다는 것을 의미한다.

새로운 경험에 열려있고 내가 사는 사회에 관심이 있으며 나와 함께 살아가는 다른 이들에 대한 배려를 가진 지성인이 되고 싶다면, 행동하기 전에 생각하는 습관은 필수다.

#인지부조화 #합리화 #공정한세상에대한믿음
#행동하고나면태도가바뀐다

한민의 심리학의 쓸모

43

나이가 들어서도
새로운 생각에 열려있는 법

나이를 먹으면 머리가 굳는다고 한다. 더 이상 새로운 것을 받아들이려고 하지 않는 태도를 보이기도 한다. 그러나 세상은 계속해서 변화하고, 심지어 그 속도는 점점 빨라지고, 기대 수명은 점점 높아만 진다. 살 날이 아직 많이 남았는데, 계속해서 예전에 배운 지식으로 살 수 있다고 생각하는 건 무리다.

사람들은 나름대로 세상을 이해하기 위한 이론을 갖고 있다. 피아제는 이를 '도식'(schema)이라 했다. 도식은 주위에서 일어나는 일들의 이유나 해야 할 일들의 순서를 알려준다(첫인상 형성에도 도식이 적용된다고 했다). 예를 들어, 장례식장에 처음 갔을 때의 기억을 떠올려보자. 조문은 해야겠는데 무엇부터 어떻게 해야 할지 경험이 없다. 잠시 옆에 서서 다른 이들의 모습을 지켜본다. 빈소로 들어가 유족과 묵례를 나눈 뒤, 분향하거나 국화가 놓여 있으면 제단에 꽃을 올린다. 다음은 고인의 영정에 절을 올리고 상주와도 맞절을 한다. 그런 다음 짧은 조의를 표하고 빈소를 나오는 순서다. 종교에 따라 절 대신 묵념과 목례로 대신하는 경우도 있다.

이렇게 한번 도식이 생긴 다음에는 같은 상황에서 같은 도식을 작동시킨다. 도식의 사용은 시간과 노력을 절약하고 경우와 상황에 맞는 언행을 하도록 해 준다. 그러나 장례식장 예절처럼 한 번 배워 놓으면 계속해서 사용하는 도식도 있지만, 인생을 살다 보면 그렇지 않은 경우가 훨씬 더 많다. 그럴 때는 기존 도식을 바꾸거나 새 도식을 만들어야 한다.

피아제는 그러한 과정을 '동화'(assimilation)와 '조절'(accommodation)이라는 용어로 설명했다. 동화는 기존의 도식 즉, 내가 알던 지식으로 현상을 설명하려는 시도다. 처음 강아지를 본 어린아이가 강아지를 '멍멍이'라고 부른다는 도식을 배우고 나면, 나중에 보게 되는 모든 동물을 '멍멍이'로

부르게 되는데, 이 단계가 동화다. 아이가 본 동물이 강아지일 때는 '멍멍이'라는 도식이 맞지만 그렇지 않을 때는 도식이 수정되어야 한다. 이 과정이 조절이다. 아이는 멍멍이와 비슷하지만 울음소리가 야옹~하고 나는 동물을 '야옹이'라고 불러야 한다는 사실을 깨닫는다. 몸집이 크고 줄무늬가 있으며 어흥~하고 우는 동물은 '호랑이', 코가 길며 뿌우~하는 소리를 내는 동물은 '코끼리'라는 식이다.

피아제는 사람의 인지는 도식을 적용하고 변화시키는 과정에서 발달한다고 보았다. 도식으로 세상을 이해하다가 (正), 그것으로 이해되지 않는 새로운 현상을 만나면(反), 새로운 현상까지도 이해할 수 있는 도식으로 기존 도식을 수정하는 것이다(合). 이른바 변증법적 발달이다.

우리는 인지발달이 대개 유아청소년기에 완성되는 것으로 생각하기 쉽지만 사용하던 도식을 바꾸거나 정리하고 새로운 도식을 만드는 일은 성인기 이후에도 매우 중요하다. 사용하던 도식이 더 이상 새로운 현상을 설명하지 못하는데도 기존 도식을 수정하거나 새로운 도식을 만들지 않으면, 변화하는 현실에 적응하지 못하고 도태될 가능성이 크다.

나의 도식을 새것으로 유지하려면, 첫째, 항상 새로운 것들을 보고 들으려 해야 한다. 내가 알고 있던 것들로 이해가 되지 않는 일들을 접했다면 최대한 그 사건을 이해할 방법을 찾아야 하며, 그 과정에 들어가는 시간과 노력을 아깝다고 생각해서는 안 된다. 둘째, 오랫동안 옳다고 믿어왔던 도식도 틀렸다고 생각되면 과감하게 버려야 한다. 오랫동안 유지된 도식은 그만한 효능이 있기 마련이다. 그러나 옛 도식이 잘못되었다는 증거들이 계속 쌓이는데도 그것을 붙잡고 있을 필요는 없다. 태도를 바꾼다는 것이 쉬운 일은 아니지만 새로운 도식이 가져다줄 이점을 생각하면 용기를 낼 가치가 있다. 마지막으로, 후배나 어린 사람에게 배우는 것을 부끄러워해서는 안 된다. 배움에는 위아래가 없다. 스마트폰이 있고 검색엔진을 쓰는 방법도 있지만 때로는 직접 물어보는 것이 가장 효과적일 때가 있다. 나이 어린 사람에게 물어보기가 창피하다고 가만히 있으면 옛 도식을 업데이트할 기회는 영영 오지 않는다.

#도식 #인지발달 #동화와조절 #변증법 #열린사고 #불치하문

44

통찰력을
기르는 법

'통찰'(洞察)이란 사물의 이치를 꿰뚫어 본다는 뜻이다. 직접 구체적으로 모든 것을 해보지 않고도 일의 과정과 결과를 알 수 있는 능력이 있다면 그만큼의 시간과 노력을 줄일 수 있다. 그러나 누구나 통찰력을 갖고 있지는 않다. 통찰력을 가지려면 무엇을 해야 할까? 학습심리학의 통찰학습 실험을 통해 그 조건들을 유추해 보자.

독일의 심리학자 쾰러(학습에서 자극과 반응 외의 요인에 집중하여 통찰 학습 개념을 제안했다. 게슈탈트 심리학자로 분류된다.)는 술탄이라는 이름의 침팬지를 우리에 가두고 우리 밖에 바나나를 놓아두었다. 우리 안에는 상자 몇 개와 속이 빈 막대 두 개가 있는데 길이가 짧아 바나나에 닿지 않는다. 술탄은 한 시간 정도 바나나를 끌어오려고 노력했으나 실패하고 의기소침해 있었다. 잠시 그렇게 쉬고 있다가 술탄은 두 막대를 집어들고 신중히 살펴보았다. 막대기를 이리저리 대어보던 술탄은 굵은 막대에 조금 가는 막대를 끼우더니 벌떡 일어나 길어진 막대로 바나나를 끌어당기기 시작했다. 이번에는 바나나를 천장에 매달아 놓았다. 이 상황에서도 침팬지들은 막대를 연결해서 바나나를 떨어뜨리기도 하고 상자를 쌓고 올라가 바나나를 따기도 했다. 쾰러가 바나나를 점점 높이 매달자 침팬지들은 상자를 4층까지 쌓았다.

바나나를 먹기 위해 침팬지들이 학습한 행동은 과거에 했던 행동이 아니다. 자극에 대한 반응도 아니고, 시행착오 끝에 우연히 문제를 해결한 것도 아니며, 보상을 받아가며 새로운 행동을 배운 것도 아닌, 말 그대로 통찰의 결과다. 침팬지들은 가만히 앉아 눈만 이리저리 굴리다가 갑자기 뭔가 떠오른 듯 문제를 해결했다.

한 가지 과제에서 이루어진 통찰은 다른 과제에서도 이어질 수 있다. 쾰러가 우리 안의 상자와 막대를 모두 치우자 침팬지들은 주변에 있는 물건들을 끌어다 받침대로 사용했다. 어떤 침팬지는 심지어 쾰러의 손을 잡고 바나나 아래로 데려가 타고 오르려 하기도 했다.

쾰러의 실험에서 알 수 있는 통찰력의 조건은 다음과 같다.

첫째, 통찰은 과거의 경험에서 비롯된다. 실험에 참여한 술탄과 침팬지들은 평소에 상자와 막대 등 여러 가지 사물을 가지고 놀거나 물건을 끌어당겼던 경험이 있었다. 직접 상자와 막대를 이용해 원하는 것을 얻은 적은 없지만, 그런 일을 하는 데 필요한 과정들을 이미 알고 있었다. 이를 보게 되면 통찰력에 가장 먼저 필요한 것은 경험이다. 언제, 어디에 쓰일지는 알 수 없지만 다양한 경험은 이제껏 해본 적 없는 일을 시도하는 재료가 된다. 만약 내가 그것을 직접 경험해볼 시간과 돈이 부족하다면 독서나 영화, 드라마 감상도 도움이 된다. 그러한 작품들 속에 여러 사람들의 경험이 담겨 있기 때문이다.

두 번째 통찰력의 조건은 그 일을 해야 하는 이유 즉, 목적을 분명히 하는 것이다. 서로 관련 없는 경험들을 창조적으로 조합해 문제를 해결할 수 있었던 것은 바나나가 먹고 싶다는 침팬지들의 강렬한 욕망 때문이었다. 필요는 발명의 어머니라 하지 않던가. 간절히 하고 싶은 뭔가가 없다면 통찰력을 발휘할 이유도 없다.

세 번째 통찰력의 조건은 문제를 해결하기 위한 다양한 시도다. 침팬지들은 바나나를 따기 위해 주어진 조건에서 여러 가지 노력을 기울였다. 통찰력은 어떠한 문제를 오래, 꾸준히 붙잡고 해결하려는 과정에서 나타난다. 한두 번의 시도로 문제가 해결되지 않는다고 포기해서는 안 된다. 자꾸 실패한다는 것은 성공에 가까워지고 있다는 의미일 수도 있다.

네 번째는 생각할 시간이다. 다양한 시도가 필요하다고 해서 쉬지 않고 줄기차게 행동만 하는 것으로는 통찰에 도달할 수 없다. 위대한 발견을 한 과학자들도 잠시 쉬면서 딴생각을 하다가 의외의 깨달음을 얻을 때가 많았다. 술탄과 침팬지들도 조용히 앉아 생각하는 시간을 가진 뒤에 문제를 해결할 수 있었다.

#통찰학습 #쾰러 #침팬지 #통찰의조건 #침팬지도하는데

45

행복을 오래오래
느끼는 법

행복에 대해 간과하기 쉬운 것 중 하나가 행복한 기분이 오래가지 않는다는 사실이다. 우리가 행복이라고 인지하는 기쁨, 환희, 설렘 등의 긍정적 정서는 생리적 흥분을 동반한다. 심장이 빠르게 뛰고 혈류량이 증가하며 호흡이 가빠지고 소화가 어렵다. 그리고 교감신경계는 흥분한 상태다.

인간의 몸은 이러한 상태를 오래 견디기 힘들어한다. 몇 년 동안 가슴이 거세게 뛴다고 생각해보라. 심장병이다. 매사가 즐겁고 활력이 넘치며 무엇이든 할 수 있을 것 같은 기분이 일주일 이상 지속된다면, 양극성장애의 조증삽화(양극성장애 즉, 조울증은 조증 삽화와 우울증 삽화를 보이는 질환으로 일종의 기분 장애이다. 삽화는 일정 기간 나타났다가 사라지는 식의 반복 패턴을 의미한다.)가 아닌지 의심해야 봐야 한다.

일주일 이상 행복한 기분이 지속되는 것은 사실상 있을 수 없다. 우리 몸은 항상 일정한 상태를 유지하게끔 생물학적으로 프로그램되어 있다. 이를 항상성(homeostasis)이라고 한다. 여기서 'homeo'의 의미는 'same'(동일한, 똑같은)이고, 'stasis'의 의미는 'standing'(유지하다)의 뜻으로 '동일하게 유지하다'라는 뜻이다. 즉, 항상성이란 생명체가 여러 가지 환경 변화나 스트레스에 대응하여 내부를 일정하게 유지하려는 조절 과정 또는 그 상태를 의미한다. 두뇌 중 '뇌간'이라는 구역에서 담당하며 자율신경계와 여러 가지 호르몬의 복잡한 작용이 이를 통제한다. 우리 몸의 각종 기관들이 원활하게 기능하기 위해서는 체온, pH, 삼투압 등 생화학 성분을 포함해 다른 체내 환경이 항상 어떤 범위 안에서 유지되는 것이 필요한데, 이것이 '항상성 유지'이다.

지나치게 오래가는 긍정적 정서는 신경계에 무리를 일으키고 인간의 뇌는 신경계의 흥분을 누그러뜨려 항상성을 유지하는 과정에서 행복한 감정들은 점차 사그라진다. 행복연

한민의 심리학의 쓸모

구자 류버머스키(긍정심리학자로 행복에 이르는 실천적 방법들을 제시했다)는 이를 '쾌락적응'이란 말로 설명했다. 경제학에서는 '한계효용 체감의 법칙'이 이와 비슷하다. 처음에는 행복하지만 점점 익숙해지면 결국에는 무감각해지는 과정에 이르게 되는 것으로, 어떤 좋은 일이와도 마찬가지 과정을 겪게 된다. 필립 브릭먼(미국의 심리학자로 습관화된 감정을 연구했다)의 연구에 따르면 거액의 복권에 당첨된 사람들도 원래의 행복 수준으로 돌아가는 데까지 채 한 달이 걸리지 않는다고 한다. 따라서 우리가 행복한 기분을 지속적해서 느낄 수 있는 가능성은 애초부터 별로 없다. 행복을 추구하는 사람이라면 누구나 알고 있어야 하는 사실이다.

그렇다면 우리는 계속 불행하게 살아야 하는 걸까? 그렇지는 않다. 행복하지 않은 상태를 불행이라고 규정할 필요는 없다. 행복은 보통 긍정적 정서로 정의되지만, 의미 있는 일을 할 때도 행복을 느낀다. 딱히 설레고 흥분되지는 않아도 매일의 삶에서 의미와 보람을 느낄 수는 있다면 그 또한 행복이다. 이를테면, 취업을 위해 자격증이나 국가고시를 준비하는 이들은 수년 동안을 별로 즐거운 일 없이 반복되는 일상을 보내야 한다. 그러나 하루하루 채워져 가는 문제집이나 요약 노트를 보며, 목표에 한 걸음씩 다가간다는 뿌듯함과 오늘도 의미 있게 보냈다는 보람에서 행복을 느낄 수 있다. 그렇다고 또 너무 의미에만 집착하는 것도 바람직하지는 않다. 고시나 육아와 같은 장기적인 목표를 향해 나아갈 때는 더욱 그렇다. 틈틈이 여유 시간을 갖거나 정기적으로 취미나 여가를 즐길 기회를 마련해 즐겁고 설레는 기분을 중간 중간 충전해야 한다.

행복의 원천은 많을수록 좋다. 목표를 성취한 뒤의 짜릿함도, 목표를 향해 나아가는 뿌듯함도 행복이겠지만 가끔 바라보는 하늘에서, 길가에 핀 꽃에서, 기대 없이 들어간 식당에서의 맛있는 반찬, 자기 전에 잠깐씩 보는 유튜브에서도 소소한 행복은 얼마든지 느낄 수 있다. 친구의 웃음과 연인의 눈빛, 아이의 재롱, 매일 먹는 밥과 커피. 큰 행복을 좇느라 작은 행복을 잊는 우를 범하지 말자.

#항상성 #행복의지속시간 #긍정적정서 #의미 #행복의원천

한민의 심리학의 쓸모

46

내 삶의 동력을
만드는 법

꿈이 없다고 말하는 이들이 늘어나고 있다. 최근에는 아예 꿈이 뭐냐고 묻는 것 자체가 실례가 돼버린 느낌이다. 가뜩이나 힘겹게 살아가는 이들에게 꿈까지 강요하지 말라고 한다. 꿈을 꾸는 이가 사라진다는 사실은 세상이 점점 살기 어려워진다는 증거다. 어차피 이루어지지 않을 것이 분명한데, 꿈을 가져봐야 뭐하냐는 것이다.

이러한 생각은 얼핏 합리적으로 보인다. 옛날 아이들은 대통령, 재벌 총수, 육군 대장 따위의 허황된(?) 꿈을 꾸었다. 하지만 그 중에서 대통령과 재벌 총수, 육군 대장이 나올 확률은 영에 수렴한다. 사실상 도달할 수 없는 목표를 세우고 목표가 이루어지지 않는다고 속상해하는 것은 불행만 앞당길 뿐이다. 그러니 사람들이 더 이상 꿈을 꾸지 않는다는 사실은 그만큼 그들이 현실적이고 이성적으로 판단하게 되었다는 것을 의미한다고도 볼 수 있다.

그러나 이성과 합리가 항상 사람들을 행복하게 해주지는 않는다. 꿈을 이루기 어려운 시대가 되었어도 꿈을 갖는 것은 중요하다. 꿈은 우리를 나아가게 해주기 때문이다. 하루하루 견디기조차 벅찬데 무슨 꿈 같은 소리냐고 역정을 낼 분들도 있겠지만, 이는 심리학자 아들러의 말이다.

『미움받을 용기』로 잘 알려진 아들러의 이론 중에는 '허구적최종목적론'이라는 것이 있다. 최종 목적만이 인간의 행동을 설명할 수 있다는 주장이다. 그리고 그러한 최종 목적은 대개 허구적이다. 아들러의 이러한 생각은 독일의 철학자 한스 바이힝거(아들러에게 영향을 주었다 정도로만 알려져 있다)에서 비롯되었다. 바이힝거는 인간은 현실적으로 실현 불가능한 생각들에 의해 살아가고 있다고 생각했다. 이를테면 '평등'이나 '자유' '정의' 같은 이상적인 가치 같은 것이다. 하지만 이 가치들이 지구 상에서 현실화된 적은 단 한 번도 없으며 앞

한민의 심리학의 쓸모

으로도 그럴 가능성은 희박하다. 그럼에도 그러한 가치들은 수많은 사람들을 살아가게 하는 이유가 되기도 한다.

사람들은 말도 안 되고 실현 가능성도 희박하지만 불가능한 목표를 위해 살아간다. 일제강점기 독립운동을 하신 선열들이나 독재정권의 폭압에 맞서 민주화를 외친 분들이 그렇고, 작게는 사랑 때문에 자신을 내던지는 연인들이 그렇다. 사랑이 밥을 먹여주진 않지만 사람은 사랑 없이는 살지 못한다.

아들러의 허구적 최종목적론은 같은 맥락에서 삶의 의미와도 연결된다. 삶의 의미를 가진 이들은 현실의 어려움에 굴복하지 않고 주체적으로 자신의 삶을 이끌어 갈 수 있다. 아들러가 강조한 '용기'란 치열하고 고달픈 현실에서 허구적 목적을 추구할 수 있는 용기를 의미한다. 아들러의 이론이 프로이트의 결정론적 시각과 구별되는 지점이자, 그의 개인심리학이 인본주의 심리학과 긍정심리학의 뿌리로 여겨지는 이유다.

꿈은 이루어질 수도 있고 이루어지지 않을 수도 있다. 하지만 이루어지지 않을 가능성 때문에 꿈을 갖지 않는 것은 이성적이고 합리적일 수는 있으나 주체적이지는 못한 태도다. 내 삶의 방향을 외부에서 주어지는 조건에서만 찾겠다는 사람이 제 삶의 주인이 될 가능성은 현실적으로 매우 낮다.

다만, 꿈을 꾸는 데는 한 가지 유의할 점이 있다. 현실에 발을 디뎌야 한다는 것이다. 꿈은 꿈이기에 현실과의 괴리를 동반하기 마련이다. 이상과 괴리된 현실은 불행의 원인이 되기도 한다. 그래서 꿈을 꾸는 이들에게 필요한 가장 중요한 능력은 꿈과 현실의 거리를 인식하고 이를 조절하는 것이다.

체 게바라는 말했다. "리얼리스트가 되라. 하지만 가슴 속에는 불가능한 꿈을 가져라." 꿈을 가지라는 말은 현실을 잊거나 내팽개치라는 말과 다르다. 이 말을 현실에서도 잘하고 꿈도 가지라는 부담으로 받아들이는 분들이 안 계셨으면 좋겠다. 꿈은 꼭 이루려고 꾸는 것이 아니라 멋지니까 꾸는 것이다. 그 꿈이, 그 꿈을 품은 나 자신이.

#꿈과현실 #아들러 #허구적최종목적론 #체게바라
#리얼리스트가되라 #하지만불가능한꿈을가져라

한민의 심리학의 쓸모

47

불안을 삶의
동력으로 바꾸는 법

행복에서 가장 먼 감정 중 하나는 '불안'이다. 불안은 자신의 존재를 위협받을 때 나타난다. 현대 한국인들에게 있어 존재를 위협받을 만한 위험은 '변화'다. 현대는 인류 역사상 가장 많은 변화가 있었고 또 앞으로도 예상되는 시대다.

대부분의 사람들이 변화에 잘 적응하는 듯 보이지만 이는 내면적으로 극심한 불안을 견뎌낸 결과다. 그리고 불안의 크기는 점차 임계점을 넘어서고 있다. 사회의 불안 수준이 높아지면 사람들은 변화를 두려워한다. 지금도 어렵게 유지하고 있는 나의 일상이 언제 붕괴할지 모르기 때문이다.

변화가 사람들에게 요구하는 것은 '적응'이다. 새롭게 바뀐 환경에 적응하지 못하는 것은 곧 사회에서의 도태를 뜻한다. 이것이 현대인들이 갖게 되는 가장 큰 불안이다. 이러한 불안은 사회적 인정욕구 및 우월감의 욕구와 밀접하게 관련된다.

도태될지 모른다는 불안을 없애기 위해 사람들은 우선, 다른 이들에게 뒤처지지 않으려 노력한다. 여기서 다른 이의 기준은 대개 사회에서 성공한 이들이 된다. 다른 사람들이 입는 옷을 입고, 다른 사람들이 타는 차를 타고, 다른 사람들이 사는 집에 사는 것이다.

지난 수십 년간 눈부셨던 우리나라의 성장은 변화로 인한 불안을 회피하고자 했던 한국인들의 욕구에 도움받은 면이 크다. 그러나 이제는 더 이상 과거와 같은 방식으로 불안을 해결할 수 없는 시대다. 현대의 20대는 과거의 20대들이 들였던 노력의 몇 배를 기울이지만 그들이 얻을 수 있는 부와 성공의 기회는 과거와 같지 않다.

이러한 현상이 지속되면 변화를 거부하는 움직임이 나타난다. 여성의 사회 진출이 늘어나면서 나타난 여성혐오, 동성애와 같은 새로운 가치에 반발하는 동성애혐오, 다문화 사

한민의 심리학의 쓸모

회로 접어들면서 나타나기 시작하는 인종혐오 등이 그러한 불안의 결과들이다.

최근 부쩍 늘어난 사회적 혐오의 이면에는 변화된 사회에서의 도태를 두려워하는 이들의 내적 불안이 있다. 혐오는 불안을 해결할 대상을 찾지 못하거나 그것과 직면하기 두려운 이들이 선택한 방어기제 즉, '전치'(轉置; 자신의 불편한 감정을 느낀 대상을 수용 가능한 대상으로 바꾸는 것, 종로에서 뺨 맞고 한강에서 화풀이 한다는 의미)이다.

현대인들의 불안은 빠른 속도로 변해가는 사회에서 '과연 살아남을 수 있을 것인가'하는 절박함에서 비롯된다. 대개 불안은 큰 고통이지만 한편으로는 삶을 이어갈 수 있게 해주는 원동력이 되기도 한다. 불안해지면 우리의 몸과 마음은 예상되는 부정적 결과를 방지하거나 회피하도록 준비 태세를 취한다. 이를 '투쟁-도주 반응'이라고 한다. 불안을 느끼고 이에 반응하는 과정에서 인간은 생존의 가능성을 높일 수 있다. 따라서 불안을 느낀다는 것은 그만큼 생존의 욕구가 강하다는 것을 의미한다. 생존의 욕구는 중요하다. 살아 있어야 행복도 느낄 수 있다. 문제는 불안을 어떻게 해결하느냐이다.

심리학자이자 철학자 키에르케고르는 '실존적 불안'이라는 개념을 제안했다. 실존이란 주체로서의 삶이다. '살기 위해 사는' 것도 아니고 '살아지니까 사는' 것도 아닌 살아야 하는 이유와 목적을 갖고 그것을 향해 가는 삶이 진정한 나의 삶이라는 것이다. 그러기에 실존을 위해서는 많은 고민이 필요하고 여기에서 불안이 찾아온다.

불안을 너무 민감하게 받아들이고 이를 바람직하지 못한 방식으로 해결하려고 하면 병이 되지만, 나의 불안이 어디에서 비롯된 것이고 그것을 해결하기 위해 무엇을 해야겠다는 의지가 있다면 그 불안은 실존적 불안이 될 수 있다.

불안 자체에 사로잡혀 불안을 회피하는 것에 급급한 삶을 살 것인가. 생존에 대한 불안을 실존에 대한 불안으로 바꾸어 진정한 나의 삶을 살 것인가. 불안은 내가 살아 있다는 존재에 대한 증거이며 나의 삶을 실존으로 이끌어 줄 동력이다.

#불안 #실존적불안 #케에르케고르

48

실패와 좌절을 만났을 때
해야 하는 일

젊은 시절 우리는 앞으로 펼쳐질 내 인생은 꽃길일 것으로 생각하지만, 삶이란 게 늘 뜻대로만 흘러가지 않는다. 살다 보면 하던 일에 실패할 때도 있고 예기치 않은 좌절을 만날 때도 있다. 당장 대학을 졸업하고 사회에 나가면서부터 난관에 부딪힐 수도 있고, 수십 년 승승장구하다 생의 정점에 이르러 나락으로 미끄러질 수도 있다.

사람들은 최대한 그런 일을 피하고자 계획을 하고 대비책을 마련한다. 하지만 그렇게 조심을 하고 또 하지만 언제나 개인의 통제를 벗어나는 일들은 일어나는 법이다. 갑작스런 병이나 사고 같은 것일 수도 있고, 지진과 태풍 같은 자연재

해일 수도 있고, 팬데믹이나 국제 정세의 급변 같은 문제일 때도 있다. 그럴 때면 개인이 할 수 있는 일은 극히 제한적일 수밖에 없다.

정신과 의사이자 심리학자 그리고 철학자였던 야스퍼스(독일의 철학자이자 심리학자로 실존주의를 대표한다)는 변화시킬 수도 없고 피할 수도 없는 이러한 종류의 상황을 '한계상황'이라고 했다. 한계상황은 우울과 절망을 동반한다. 삶의 의미를 잃게 하고 통제감을 상실하도록 한다. 말 그대로 거대한 벽 앞에 선 기분을 들게 한다.

도저히 넘어설 수 없는 한계상황에 부닥쳤을 때 사람들은 대개 그러한 상황으로부터 도피하거나 현실에 눈을 감는다. 또는 자신이 한 일을 인정하지 않으려는 '부정'이나 '환상' 속으로 도피하는 방어기제를 사용하기도 한다. 이같은 결정은 스스로를 보호하기 위한 자연스러운 것으로 누구도 비난할 수 없다. 한계상황은 말 그대로 한계상황이기 때문이다. 그러나 야스퍼스는 한계상황 가운데서도 진지하게 자신을 성찰하게 되면 '자기존재'에 대한 자각에 이를 수 있다고 보았다. 실패와 좌절, 한계에 대처하는 모습이야말로 평소에는 만나기 어려운 자신의 진짜 모습이라는 것이다. 그 모습은 내가 되고자 했던 나의 이상적인 모습일 수도 있고, 마주하기 두려워 무의식 속에 꼭꼭 숨겨놓았던 모습이기도 하다.

자기존재를 지각한 사람은 어쨌거나 선택의 기로에 놓인다. 한계상황을 회피하고 이전의 자기로 살아갈 것인지, 어떻게든 한계상황을 받아들이고 새롭게 발견한 자기로 살아갈 것인지 말이다. 선택은 단순히 개인적 성숙이나 보편적 가치의 추구로 단순화시킬 수 없다. 저마다의 한계는 다르고 한계상황에서의 선택 역시 개인에게 주어진 과제이기 때문이다.

야스퍼스는 나치 정권이 자신의 아내가 유대인이라는 이유로 헤어질 것을 요구하자 이를 거절하고 교수직을 박탈당한다. 그러나 야스퍼스의 친구였던 하이데거(독일 철학자로 현상학, 해석학, 구조주의, 포스트모더니즘 등에 영향을 끼쳤다. 현대 철학의 대부라 불릴 정도다.)는 나치에 협력하며 프라이부르크 대학의 총장까지 하며 출세를 거듭했다.

야스퍼스에 따르면, 이러한 선택에 대한 평가가 한계상황에 대한 바람직함을 말해주는 것은 아니라고 했다. 아내를 위해 교수직을 내던진 야스퍼스의 선택이 나치에 협조하며 총장까지 된 하이데거의 선택보다 낫다고는 할 수 없다는 것이다. 물론 세간의 평가나 인류 보편적 가치라는 측면에서 보면 하이데거의 선택은 비판받아 마땅하다. 하지만 중요한 것은 그 선택이 자신에게 진실했느냐이다. 한계상황에서의 선택이 현실에서의 도피와 책임의 방기가 아니라 자기 본연의 목소리에 따른 것이라면 선택의 자신다움은 그 자신이 알 것이며, 그는 자신에게 떳떳한 선택을 한 것이 된다. 이는 융이 이야기한 자기실현(individualization)과도 일치한다.

실패와 좌절을 경험해 보지 않은 이들은 한계상황에서 어떤 선택을 할 것인지 상상하기 어렵다. 하지만 일상에서 경험하는 작은 실패와 좌절에 대처하는 자신을 돌아보면 마주하기 힘든 거대한 벽 앞에 선 자신의 모습을 어느 정도 그려 볼 수 있다.

누구나 사소한 실패에도 꽤 우울해진다거나, 자신의 잘못을 인정하지 못하고 남 탓을 해본 경험을 한 번쯤 갖고 있다. 그러한 자신의 모습을 인정하고 그 이유를 더듬어가다 보면 그동안 미처 몰랐던 자신의 또 다른 모습을 만나게 된다. 그

것이 진짜 나의 전부는 아닐지언정 이제까지는 몰랐던 자신의 모습임에는 틀림없다. 그러다 보면 언젠가 맞닥뜨리게 될 벽 앞에서 진실한 자신의 모습으로 서게 될 것이다. 그때는 내가 어떤 선택을 해야 할지도 조금은 알 수 있을지 모른다.

#한계상황 #야스퍼스 #자기발견 #자기실현

49

생물학적 한계를
뛰어넘는 법

　자유롭게 자신의 뜻대로 무엇이든 생각하고 행할 수 있는 능력인 '자유의지'는 오랫동안 인간의 중요한 특징으로 여겨져 왔다. 인간은 이 능력으로 자연을 정복(?)하고 문명을 발전시켜 만물의 영장 지위를 차지했다. 그러나 1980년대 이 자유의지의 존재를 의심케 하는 실험 결과 하나가 제기되었다.

　미 캘리포니아 대학 심리학자인 벤자민 리벳은 자유의지의 존재를 확인할 수 있는 실험을 고안하였다. 그는 실험 대상자에게 뇌파를 측정할 수 있는 장비를 착용하게 하고 버튼을 누르고 싶을 때 누르도록 했다. 실험 결과 실험 대상자들이 버튼을 누를지 말지 결정하기 수백 밀리초 전에 뇌 부위에서 전위(電位) 즉, 활동을 준비하는 전류가 관측되었다.

인간에게 자유의지가 있다면 버튼을 누르겠다는 의지가 뇌에 전위를 발생시키겠지만, 리벳의 실험은 뇌에 전위가 먼저 발생한 다음 의지가 나타나는 것으로 확인되었기 때문에 자유의지에 대한 의문으로 연결되었다. 우리가 자유의지라고 믿고 있었던 것은 어쩌면 뇌에서 이미 벌어진 일들의 결과였을 수도 있다는 깨달음은 행동의 주체, 삶의 중심에 대한 우리의 생각에 근본적인 회의를 던진다.

나의 생각과 행동들이 이미 결정되어 있다면 내가 자유의지를 발휘하여 결정하는 나의 행동들은 어떤 의미가 있을까. 인간의 행동이 유전자 수준에서 이미 결정되어 있다는 전제에서는 인간의 자유의지와 주체로서의 삶은 유전자에 프로그래밍된 코드에 불과하다. 자유의지를 갖고 자신의 삶에 의미를 부여하며 주체로서 살아가는 이들은 그런 유전자를 타고났을 뿐이고, 외부적 조건과 환경에 휩쓸리며 주체로 살아가지 못하는 이들 역시도 그렇게 행동하도록 프로그래밍이 되었을 뿐이다.

내가 어떤 의지를 품고 내 행동에 어떤 의미를 부여하든 그것이 이미 결정된 일이라면, 무엇을 해야 할지 어떻게 살아야 할지 고민할 필요도 없지 않을까? 어떤 식으로 살아도 나는 이미 결정된 삶을 사는 게 될 테니 말이다. 실제로 극단적인 생물학적 입장을 갖고 있는 학자 중에는 이렇게 주장하는 이들이 있다. 그러나 그런 생각은 내 삶에 도움이 되지 않는다.

내 유전자에 어떤 정보가 들어 있고 어떻게 행동하도록 프로그래밍이 되어 있는지 나는 알 도리가 없다. 하지만 머지않은 미래에 그런 유전자 분석이 가능해지는 날이 올지도 모른다. 영화 《가타카》에서 묘사하고 있는 우울한 세계가 딱 그런 것과 비슷하다. 영화에서는 태어난 아이들의 유전자를 분석하여, 능력이 뛰어나고 성공할 수 있는 유전자를 가진 아이와 그렇지 못한 아이를 분류한다. 유전자의 차이는 아이들이 사는 곳과 학교, 선택할 수 있는 직업의 한계를 결정한다. 열등한 유전자를 가진 아이들은 하층민의 삶을, 우월한 유전자를 가진 아이들은 상류층의 삶을 살게 된다.

사람들이 어떻게 살아갈지 결정되어 있다는 믿음은 우리를 우울한 세상으로 이끈다. 하지만 내가 내 삶을 결정할 능

한민의 심리학의 쓸모

력이 없고 이미 정해진 행동을 하도록 결정되어 있다고 믿고 사는 것보다는 살아갈 목적을 내가 찾고 그것을 향해 살아간다고 생각하는 편이 더 나은 삶이지 않을까? 어쩌면 결과는 같을지 모른다. 유전자에 새겨진 한계를 나는 끝까지 벗어나지 못할 수도 있다. 그러나 자기 자신이 부여한 스스로의 삶의 의미는 다르다.

영화 《가타카》에서 주인공은 열등한 유전자를 타고났다. 하지만 그는 자신의 운명에 순응하지 않고 결국 우월한 유전자를 가진 이들만 갈 수 있는 이상향 '가타카'로 가는 우주선에 오른다. 부여된 운명에 순응하지 않고 다른 환경, 다른 조건을 꿈꿀 수 있는 능력이야말로 인간 자유의지의 근원이다.

#벤자민리벳 #자유의지 #준비전위 #생물학적결정론

50

죽어도
죽지 않는 법

불사와 영생. 사람들은 예전부터 불멸을 꿈꾸어왔다. 죽을 수밖에 없는 존재로 한계가 있는 수명을 가진 존재로 아름다운 젊음이 시들어간다는 것 그리고 힘써 이뤄놓은 일들을 남겨놓고 가야 한다는 것은 슬픈 일이다.

여기서 영생불사의 방법을 소개하려는 것은 아니다. 뇌과학과 의학, 로봇공학이 눈부시게 발전하고 있지만, 영원히 살 수 있는 방법은 없다. 먼 훗날 그런 방법이 개발된다 해도 누구에게나 주어지는 혜택은 아닐 것이다. 그리고 죽지 않고 영원히 산다는 것이 바람직하리라는 보장도 없다.

이야기하고자 하는 바는 생물학적 영생이 아닌 존재의 영속이다. 몸은 죽지만 나를 기억하는 이들에 있어 나의 존재는 죽지 않고 계속해서 이어지는 상태 즉, 죽어도 죽지 않는 방법에 대해 이야기하고자 한다. 죽어도 죽지 않는 방법에 대해 이야기한 심리학자와 이론이 있다. 바로 매슬로우의 초월 욕구다.

아브라함 매슬로우가 언급한 '초월 욕구'는 자기실현 욕구 중 하나다. 매슬로우는 자기실현의 욕구를 미적 욕구와 지적 욕구 그리고 초월 욕구로 세분화하였다. '미적 욕구'는 자신의 존재 이유를 아름다움의 추구에서 찾는 것이고, '지적 욕구'는 지적 세계의 확장에서 찾는 것이다. 하지만 '초월 욕구'는 금방 감이 안 온다. 잘못 이해하면 신처럼 전지전능한 존재가 되겠다는 건가 싶기도 하다. 하지만 이 욕구는 사실 인간의 생물학적 한계를 초월하고자 하는 바람과 관련이 있다. 다시 말해 몸과 수명을 가진 인간으로서의 한계를 초월하고자 하는 욕구다.

한낱 '배설하는 동물'일 뿐인 인간은 여러 가지 신체적 한계를 직면하고 살아간다. 아무리 빨리 달려도 말보다 빠를 수 없고, 아무리 높이 뛰어도 제 몸의 몇 배 이상을 뛸 수 없다. 아무리 힘이 세도 소보다 셀 수는 없으며 아무리 강한 인간도 맨몸으로 사자나 호랑이와 싸울 수 없다. 그래서 인간은 계속해서 이러한 한계를 뛰어넘으려 노력해왔다. 말보다 빨리 달리기 위해 자동차를 만들었고, 새보다 높이 날고자 비행기를 만들었으며, 잠을 자지 않고도 일하고자 로봇을 만들었다. 그리고 한꺼번에 세상의 모든 지식을 저장하고 동시에 수많은 일을 하고자 컴퓨터를 만들었다.

한계가 있는 존재이기에, 언젠가는 죽어야 하는 운명이기에 사람들은 더욱더 삶에 집착했고, 삶에 대한 집착이 인류의 문명을 꽃피웠다. 하지만 그런 인류도 끝까지 정복하지 못한 것이 바로 죽음이다. 의학의 발달로 평균 수명이 80세 이상으로 늘긴 했지만 여전히 (육체의)죽음은 피해 갈 수 없다.

인간이 죽음을 피해 영원히 존재할 수 있는 방법은 다른 이들에게 '기억'되는 것이다. 누군가가 나를 기억한다면 내 존재는 사라지는 것이 아니다. 내가 낳아 기른 자식은 내가 죽고 나서도 한동안은 나를 기억해 줄 것이다. 돌아가신 조상을 기억함으로써 그들과 함께 있다는 생각은 애니메이션 영화 《코코》에서 나온 멕시코 문화에서 잘 찾아볼 수 있다. 그런데

이는 멕시코뿐만이 아니라 세계 여러 문화권에서 나타나는 인류 보편의 욕구다. 그러나 그것만으로는 부족하다고 생각하는 사람들이 있다. 손자에서 증손자쯤으로 내려가면 기억은 흐릿해지기 마련이다(제사도 4대 봉사라 하지 않았던가). 더 이상의 시간동안 존재하려면 후손보다 더 많은 사람들에게 오랫동안 기억되어야 한다. 어떻게 그럴 수 있을까?

모차르트, 베토벤, 고흐, 피카소, 세종대왕, 이순신 장군을 생각해보자. 우리가 위인이라 부르는 분들은 죽음을 맞이한 지 수백 년에서 수천 년에 이르지만 그들이 남긴 정신과 뜻과 예술은 우리 곁에 아직 살아남아 있다. 말 그대로 우리 곁에 아직 살아 숨 쉬고 있다. 이것이 존재의 영속, 인간 한계의 초월이다.

위인이 되라는 뜻은 아니다. 방금 언급한 그분들도 위인이 되기 위해서 자신의 삶을 살진 않았다. 자신이 품은 뜻이, 추구하는 목적이 한 개인의 범위를 넘어설 때 개인의 존재는 확장될 수 있다. 그 존재가 영속하는 시간도 마찬가지로 확장된다.

#죽지않는방법 #초월욕구 #매슬로우 #자기실현의길

한민의 심리학의 쓸모

: 내 인생을 사는 50가지 방법

초판 1쇄 발행 2024년 1월 29일

지은이 한민

편집인 이승현

디자인 유어텍스트

펴낸곳 좋은습관연구소

출판신고 2023년 5월 16일 제 2023-000097호

이메일 buildhabits@naver.com

홈페이지 buildhabits.kr

ISBN 979-11-983919-7-1 (03180)

좋은습관연구소에서는 누구의 글이든 한 권의 책으로 정리할 수 있게 도움을 드리고 있습니다. 메일로 문의주세요.